Erzherzog Heinrich Ferdinand von Habsburg-Lothringen (1878–1969)
Offizier – Maler – Fotograf

Dem lieben Paten Hermann zur Erinnerung an die Ausstellungseröffnung am 8.4.2004 gewidmet von

Helmuth ...

Erzherzog Heinrich Ferdinand von Habsburg-Lothringen (1878–1969)

Offizier – Maler – Fotograf

Monografische Reihe zur Salzburger Kunst · Bd. 33

Herausgegeben vom Salzburg Museum

Redaktion:
Peter Laub

Gestaltung und Satz:
Peter Laub

Fotografien und Scans der Autochrome:
Rupert Poschacher

Retuschierung der Autochrom-Scans:
Peter Laub

Herstellung:
Druckerei Roser Ges.m.b.H. & Co. KG, Salzburg

ISBN 978-3-900088-30-9

© 2009
Salzburg Museum
Mozartplatz 1 · 5010 Salzburg
office@salzburgmuseum.at · www.salzburgmuseum.at

Für den Inhalt verantwortlich sind die Autoren

Printed in Austria

Umschlag-Abbildung: Erzherzog Heinrich Ferdinand in Lindau am Bodensee, 1910. Autochrom, 9 x 12 cm.
Salzburg Museum, Nachlass Erzherzog Heinrich Ferdinand von Habsburg-Lothringen, Inv.-Nr. 10613/2008

Abbildungsnachweis:
Alle Abbildungsvorlagen der historischen Fotos stammen aus Privatbesitz.
Urheberrechte können nachträglich beim Salzburg Museum geltend gemacht werden.

Bibliografische Information Der Deutschen Bibliothek:
Die Deutsche Bibliothek verzeichnet diese Publikation in der Deutschen Nationalbibliografie;
detaillierte bibliografische Daten sind im Internet über http://dnb.ddb.de abrufbar.

Inhalt

7 *Erich Marx*
Einleitung

9 *Andreas Jordis von Lohausen – Helvig Jordis von Lohausen, geb. Habsburg-Lothringen – Radbot Habsburg-Lothringen*
Heinrich Ferdinand von Habsburg-Lothringen, Erzherzog von Österreich – Ein Leben

21 Stammbaum des Hauses Habsburg-Lothringen

23 *Nikolaus Schaffer*
„Ein trefflicher Malerradierer" – Heinrich Ferdinand Habsburg-Lothringen als Künstler

49 *Lukas Erlacher*
Ein fürstlicher Künstler (1917)

51 *Peter Laub*
Fotografie und Farbe

81 Salzburger Schlösser. Zehn Originalradierungen von Heinrich Ferdinand Habsburg-Lothringen

89 *Werner Friepesz*
Die Universalvergrößerungskamera

Erich Marx

Einleitung

Viele ältere Salzburgerinnen und Salzburger werden sich noch an die markante Gestalt des fast immer mit Lodenumhang und Hut bekleideten älteren Herrn auf seinen Spaziergängen in der Stadt oder auf dem Fahrrad erinnern: Heinrich Ferdinand von Habsburg-Lothringen, Erzherzog von Österreich. Er machte gar kein Aufheben um seine Abstammung und lebte eher zurückgezogen im Schlösschen Flederbach an der Aigner Straße, das seit 1912 in seinem Eigentum stand und das er auch nach der Abschaffung der Monarchie 1918 behalten durfte. Heinrich Ferdinand hatte – im Gegensatz zu anderen Mitgliedern des Hauses Habsburg-Lothringen – die Erklärung zum Thronverzicht sofort unterschrieben und sich zur neuen Republik bekannt. Er lebte von seiner bescheidenen Offizierspension in Parsch und widmete sich ganz seiner Gattin Marie Karoline, seinen Kindern Heinrich, Ottmar und Veronika sowie seinen sechs Enkeln. Zeit seines Lebens war er begeisterter Zeichner und Maler sowie Fotograf. Seine hohen künstlerischen Fähigkeiten setzte er aber eher selten in wirtschaftliche Erfolge um, dazu blieb er immer viel zu zurückhaltend, wiewohl er sich durchaus für Salzburger Künstlervereinigungen engagierte und dort sogar führende Funktionen übernommen hatte. Seiner früheren Leidenschaft als Ballonfahrer konnte er nach dem Ersten Weltkrieg – schon aus finanziellen Gründen – nicht mehr nachkommen.

Der umfangreiche private, künstlerische und technische Nachlass von Erzherzog Heinrich Ferdinand wurde von seiner Enkelin Frau Dkfm. Mag. Helvig Jordis, geb. Habsburg-Lothringen wohl behütet aufbewahrt. Er umfasst in der Hauptsache ca. 500 Aquarelle, rund 1.000 Skizzen und Zeichnungen, ca. 50 verschiedenste Geräte und Apparaturen, die er für die Fotografie bzw. u.a. seine Ballonfahrten eingesetzt hatte, sowie mehr als 80 Fotoalben, zahlreiche frühe Farbfotografien (Autochrome), Zeitungsartikel und sonstige Schriften. Dieser Nachlass wurde im Jahr 2008 von Frau Helvig Jordis in vertrauensvoller und dankenswerter Weise dem Salzburg Museum übergeben, das sehr gerne die Verpflichtung übernahm, diese Sammlung auf Dauer aufzubewahren und wissenschaftlich zu erschließen. Die umfangreichen Materialien wurden von Herrn Mag. Werner Friepesz gesichtet, geordnet und inventarisiert. Durch die Erschließung war es möglich, nicht nur diesen Band, den Dr. Peter Laub in bewährter Weise gestaltete, herauszugeben, sondern auch eine

Ausstellung über den Offizier, Maler und Fotografen Heinrich Ferdinand Habsburg-Lothringen, kuratiert von Frau Eva Maria Feldinger und Mag. Werner Friepesz, durchzuführen.

Das Salzburg Museum freut sich nicht nur, nunmehr den Nachlass Erzherzog Heinrich Ferdinands zu seinen Beständen zu zählen, sondern mit dieser Publikation und der Ausstellung auch seine Bestrebungen fortsetzen zu können, interessante Salzburger Persönlichkeiten wieder stärker in den Blickpunkt des öffentlichen Interesses zu rücken. Dass uns Erzherzog Heinrich Ferdinand aus der frühesten Phase der Farbfotografie einige Beispiele dieses anfänglich einem eher kleinen Kreis von Fotografen zugänglichen Metiers hinterlassen hat, ist dokumentarisch von großer Bedeutung. Deshalb ist dieser Technik und einer speziellen Universalvergrößerungskamera des Erzherzogs in diesem Band auch jeweils ein eigener Beitrag gewidmet.

An Erzherzog Heinrich Ferdinand wird wieder einmal offenkundig, dass künstlerisches Schaffen leider allzu bald in Vergessenheit geraten kann, selbst wenn es aus der Hand eines Mitgliedes des ehemaligen Kaiserhauses stammt. Auch wenn in dieser Tatsache natürlich ein besonderer Reiz liegt, so soll sein Werk doch losgelöst von der Herkunft seines Urhebers betrachtet und gewürdigt werden.

Andreas Jordis von Lohausen – Helvig Jordis von Lohausen, geb. Habsburg-Lothringen – Radbot Habsburg-Lothringen

Heinrich Ferdinand von Habsburg-Lothringen, Erzherzog von Österreich
Ein Leben

Erzherzog Heinrich Ferdinand wurde am 13. Februar 1878 als vierter Sohn aus der zweiten Ehe Ferdinands IV., Großherzog von Toskana, Erzherzog von Österreich, mit Alice Prinzessin von Bourbon-Parma in Salzburg geboren und starb am 21. Mai 1969, ebenfalls in Salzburg.

Er entstammte der Linie Toskana des Hauses Habsburg, die von 1737 bis 1859 die Toskana regierte. Sein Großvater, Leopold II., Großherzog von Toskana, musste infolge der Einigungsbewegung Italiens mit seiner Familie das Land verlassen und verzichtete zugunsten seines Sohnes Ferdinand IV. Auch er musste die Toskana verlassen und kam nach Salzburg, wo ihm Kaiser Franz Josef einen Trakt der Salzburger Winterresidenz als Wohnsitz zur Verfügung stellte.

Erzherzog Heinrich Ferdinand als Kind, Mitte der 1880er Jahre

Bei der Erstkommunion, Mitte der 1880er Jahre

Jugend

Dort, im sogenannten Toskanatrakt, kam Erzherzog Heinrich Ferdinand wie alle seine neun Geschwister zur Welt. Hier verbrachte er auch seine Kindheit. Seit frühester Jugend wurden alle Kinder von Erziehern, in seinem Fall von k.u.k. Geheimrat FMLt. Albin von Teuffenbach, für die zukünftigen Aufgaben eines Erzherzogs ausgebildet. Dazu gehörte nicht nur die Kenntnis der Sprachen (Französisch, Italienisch, Ungarisch, Polnisch und Serbokroatisch), des Rechts, der Naturwissenschaften, die religiöse Erziehung und vieler anderer Fächer, sondern auch das Erlernen, Verantwor-

Erzherzog Heinrich Ferdinand als 17-Jähriger, 1895

Erzherzog Heinrich Ferdinand als Oberleutnant mit Motorfahrrad, um 1900

Skizzenbuch einer Autofahrt von Erzherzog Heinrich Ferdinand und seinem Freund Leutnant Ferdinand Allé von Wiener Neustadt nach Triest, publiziert 1897

Erzherzog Heinrich Ferdinands Radierlehrer Prof. William Unger in Wien, um 1900

tung zu übernehmen, Menschen zu führen und zu leiten u.v.m. Dennoch war das „Schuljahr" durch Aufenthalte in der Hofburg in Wien, durch Jagden im Gebiet des Hintersees sowie Sommerferien in Lindau und Schlackenwerth bei Karlsbad unterbrochen.

Erzherzog Heinrich Ferdinand als Kadett auf der Militärschule in Mährisch Weißkirchen bei Olmütz, Anfang 1890er Jahre

Offizierslaufbahn

Zur klassischen Erziehung eines Erzherzogs gehörte vor allem eine intensive militärische Ausbildung. So wurde auch Erzherzog Heinrich Ferdinand, wie seine älteren Brüder, zuerst nach Mährisch Weißkirchen (in der Nähe von Olmütz) in die Militär-Oberrrealschule geschickt und dann 1894 in die Militärakademie in Wiener Neustadt, wo er am 18. August 1897 zum Leutnant ernannt und dem Dragoner Regiment Nr. 6 in Enns zugeteilt wurde.

In diese Zeit fällt seine erste große künstlerische Schaffensperiode. Mit seinem Jahrgangskollegen Leutnant Ferdinand Allé veröffentlichte er 1897 ein Skizzenbuch über eine Reise „In 11 Tagen von Neustadt nach Triest". Weiters fertigte er seine ersten Radierungen an.

Im selben Jahr wurde er Ritter des Ordens vom Goldenen Vlies.

Erzherzog Heinrich Ferdinand durchlief seine erste Offizierskarriere, wurde 1900 Oberleutnant, 1903 Rittmeister und 1913 Major.

Von 1907 bis 1914 ließ Erzherzog Heinrich Ferdinand sich beurlauben, um seinen vielfältigen Interessen nachkommen zu können. Es war die Zeit einer gewissen Befreiung, Zeit eines Sichfindens. In dieser größeren künstlerischen Schaffensperiode lernte er auch seine spätere Frau kennen.

Erzherzog Heinrich Ferdinand auf dem Motorrad in Salzburg, 1904

Aus einem Fotoalbum: Erzherzog Heinrich Ferdinand mit Seilschaft auf einem Berggipfel, 1907

Mit selbstgebautem Kinderspielzeug, 1914

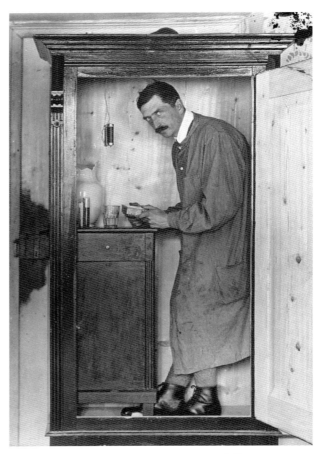

Beim Fotoentwickeln in einer improvisierter Dunkelkammer, 1909

Erzherzog Heinrich Ferdinand, 1907

Erzherzog Heinrich Ferdinand mit Sohn Heinrich in Schwabing, 1910

Im Auto vor einer Werkstatt in Bayern, 1910

Inkognito-Führerschein von Erzherzog Heinrich Ferdinand, 1915

Erzherzog Heinrich Ferdinand, 1909

Erzherzog Heinrich Ferdinand im Münchener Atelier, um 1910

Mit Ausbruch des Ersten Weltkrieges wurde Erzherzog Heinrich Ferdinand wieder zu seinem Regiment, den Sechser Dragonern, eingezogen und leistete an verschiedenen Kriegsschauplätzen Dienst als Offizier.

Zuerst noch als Major und ab Mai 1915 als Oberstleutnant war er an der Ostfront in Russland und Polen, wo er vom Oktober 1914 bis Juni 1916 als Ordonanzoffizier des 4. Armeekommandos eingesetzt war. Im Jänner 1917 kam er an die Südfront, wo ihm das Kommando der 29. Gebirgsbrigade in den Julischen und Karnischen Alpen und später im südlichen Etschtal übertragen wurde. Im Februar 1917 wurde er zum Oberst und im August 1917 zum Generalmajor ernannt.

Im April 1918 übernahm er das Kommando der 112. Schützenbrigade an der Vallarsa-Front und beendete mit dem Waffenstillstand und der darauf folgenden Demobilisierung am 7. November 1918 seine Laufbahn als Offizier. Er stand nun im 41. Lebensjahr.

Der Offizier Erzherzog Heinrich Ferdinand an der Front in Galizien, 1915 (Rötelzeichnung)

Im Laufe dieser Zeit wurde er u.a. mit der Militär-Verdienstmedaille am Bande, dem Orden der Eisernen Krone 3. Klasse sowie dem Ritterkreuz des Leopoldordens ausgezeichnet.

Wo und wann immer er Zeit fand, widmete er sich seinen künstlerischen und musischen Talenten und malte und zeichnete vorwiegend seine Kameraden, die Pferde sowie die jeweiligen Landschaften. Fotos, auf denen er mit seinen Kameraden Zither spielt, beweisen seine Liebe zur Volksmusik.

Durch die Erfahrung des Krieges, die Absperrung Österreich-Ungarns vom Seewege begriff Heinrich Ferdinand die Bedeutung der Binnenwasserstraßen und verfasste und publizierte 1917 eine profunde Studie „Die Wasserstraße Mitteleuropas", die bei Franz Deuticke in Wien herauskam.

Wissenschaftliche Abhandlung von Erzherzog Heinrich Ferdinand über die militärische und wirtschaftliche Bedeutung der Wasserstraßen in Europa (1917)

Familienleben

Schon vor dem Ersten Weltkrieg lebte Erzherzog Heinrich Ferdinand mit Marie Karoline, geborene Ludescher, aus Staudach bei Stams/Tirol und den gemeinsamen Kindern Heinrich (1908–1968), Ottmar (1910–1988) und Veronika (1912–2001) in München. 1912 erwarb er das Schloss Flederbach in der Aigner Straße in Salzburg.

Nach dem Krieg, am 3. April 1919, wurde von der neu gegründeten Republik Deutsch-Österreich das sogenannte Habsburger-Gesetz erlassen, das die Herrschaftsrechte des Hauses Habsburg-Lothringen für

Erzherzog Heinrich Ferdinands Familie 1914: V.l.: Marie Karoline, Heinrich, Veronika und Ottmar

Heinrich Ferdinand auf einem Puch-Motorrad, um 1920

Heinrich Ferdinand mit Geschwistern und Mutter in einer Kaffeerunde, 1929. V.l.: Margarete, Agnes, Anna, Heinrich Ferdinand, Germana, Joseph Ferdinand, Mutter Alice (genannt Alix)

Österreich aufhob und alle Mitglieder der Familie Habsburg, die nicht auf ihre Vorrechte verzichteten, des Landes verwies. Erzherzog Heinrich Ferdinand von Österreich unterschrieb die Verzichtserklärung und bekannte sich „als getreuer Staatsbürger der Republik" mit dem Namen Heinrich Ferdinand Habsburg-Lothringen. So konnte er Schloss Flederbach behalten, das er bis zu seinem Tode bewohnte.

In diese Zeit fällt der Beginn seiner zweite große Schaffensperiode, die 50 Jahre andauern sollte. Er war nun wieder in Salzburg, wo er seine Kindheit verbracht hatte. Er konnte sich frei entfalten, wenn auch in bescheidenen Verhältnissen. Salzburg wurde somit der Mittelpunkt seines Schaffens, und er konnte seinen überaus vielseitigen Interessen nachkommen.

Für die Großfamilie, seine Eltern und Geschwister, war die Residenz zu Salzburg der familiäre Mittelpunkt. Dort starb 1908 sein Vater, dort lebte bis Kriegsende

Familienfoto, 1910

seine Mutter mit drei unverheirateten Schwestern. 1919 mussten sie die Residenz verlassen, und man riet seiner Mutter, der Großherzogin, sich am Lande niederzulassen. Da sie und ihre Töchter ebenfalls die Verzichtserklärung unterschrieben hatten, konnten sie in Österreich bleiben, erwarben eine Villa in Schwertberg/O.Ö. und lebten dort bis zu ihrem Tode.

Heinrich Ferdinands älteste Schwester Luise war mit Kronprinz Friedrich August von Sachsen verheiratet, schenkte ihm sechs Kinder, trennte sich und nahm den Namen Gräfin von Montignoso an. Eine zweite Schwester, Anna, heiratete Johannes Fürst zu Hohenlohe-Bartenstein und hatte ebenfalls sechs Kinder. Seine drei älteren Brüder gingen die verschiedensten Wege: Der Älteste schied aus der Familie aus und nannte sich Leopold Wölfling. Der zweite, Josef Ferdinand, verzichtete nach großer militärischer Karriere im Krieg wie Heinrich Ferdinand und blieb in Österreich, nur Peter Ferdinand verzichtete nicht und wurde

Schloss Flederbach in Salzburg-Parsch – Wohnsitz Heinrich Ferdinands von 1912 bis 1969

mit seiner Familie des Landes verwiesen. Er fand Asyl in der Schweiz, während seine Villa in Salzburg beschlagnahmt und zu einem Invalidenheim umfunktioniert wurde.

Erstaunlich ist, dass trotz der Unterschiedlichkeit der Charaktere, der verschiedenen Schicksale und oft weiten Entfernungen voneinander der Kontakt zwischen den Geschwistern ein sehr enger blieb. Gerade mit Heinrich Ferdinand blieben alle in Verbindung, wie es nicht nur Erzählungen, sondern auch ein erhaltener Briefwechsel und das Gästebuch aus Schloss Flederbach beweisen.

Erzherzog Heinrich Ferdinand (im Korb rechts) und sein Bruder Peter Ferdinand mit befreundetem Offizier im Ballonkorb vor dem Start, um 1910

Heinrich Ferdinand als Maler, Fotograf, als Auto- und Ballonfahrer, als technisch interessierter und hochbegabter Mensch

Wie bei seinem unterdessen berühmten direkten Onkel, Erzherzog Ludwig Salvator, waren Heinrich Ferdinands Interessen sehr vielseitig und absolut nicht oberflächlich. Er ging der Sache auf den Grund und experimentierte persönlich. Er war fasziniert von allen technischen Errungenschaften der Zeit, ob vom Automobil, der Fotografie oder dem Ballonfahren. Während des Ersten Weltkrieges war er bereits als brillanter Automobilist bekannt. Er überquerte mit seinem Phaeton Herstal alle Schweizer und Dolomiten-Pässe. Nach dem Zweiten Weltkrieg gab er sich mit einem 100 ccm NSU-Motorrad etwas bescheidener, blieb jedoch immer beweglich.

An der Fotografie interessierte ihn nicht nur der dokumentarische und künstlerische Aspekt, sondern die optisch-technische Erfindung und das Verfahren der Entwicklung. Er schaffte sich die neuesten Instrumente an und entwickelte selbst alle seine Fotos, ja er beherrschte die Ausarbeitung der damals neuen Farbdiapositive (Autochrome), wovon viele im besten Zustand erhalten sind (s.u.).

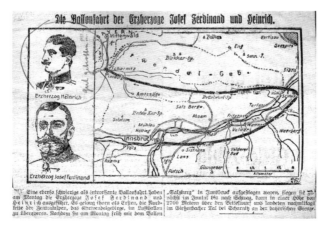

Zeitungsartikel in der Kronenzeitung über eine Ballonfahrt von Erzherzog Heinrich Ferdinand und seinem Bruder Joseph Ferdinand mit Illustration der Route im Jänner 1909

Das Ballonfahren hatte es ihm auch angetan. Besonders mit seinem Bruder Joseph Ferdinand unternahm er zahlreiche Fahrten, u.a. bis nach Frankreich, bei denen er bereits erste Luftaufnahmen machte.

Er erlernte die Buchbinderei und fertigte seine vielen Alben, Hefte und Bücher selbst an. Für seine Kinder zeichnete er Kinderbücher und bastelte Spiele. Seine Studien und Berechnungen über Sonnenuhren regten ihn an, eigene Modelle zu konstruieren.

Eine andere Faszination war für Heinrich Ferdinand die Dokumentation, die Wiedergabe alles Gesehenen und Erlebten. Sein geschultes Auge bewies er stets in der Genauigkeit seiner Aufzeichnungen. Seine meteorologischen Instrumente hat er ständig betreut und darüber Statistiken geführt. Ob mittels Zeichenstift oder Fotoapparat, er hielt alles fest. Man betrachte etwa seine geografisch hoch qualifizierten Darstellungen in der Zeit seiner militärischen Ausbildung. Seine vielen Skizzenbücher – er trug stets eines mit sich – sind lückenlos von 1890 bis 1968 vorhanden. So sind alle seine Reisen bestens dokumentiert, auch jene große Reise, die er im Frühjahr 1911 mit seiner Mutter und seinen drei Schwestern von Salzburg nach Ägypten und ins Heilige Land unternahm.

Er war aber genauso an allen Phänomenen der Natur interessiert, insbesondere der Botanik. Er kannte die lateinischen Namen aller Pflanzen, zeichnete Lehrbücher für die Kinder und vieles mehr. Kein Wunder, dass beide Söhne Forstwirtschaft studierten und diesen Beruf mit Freude ausübten. Seine Tochter Veronika erbte das Maltalent des Vaters, besuchte die Kunstakademie in Wien und wurde ebenfalls eine großartige Künstlerin.

Heinrich Ferdinand, 1932

Heinrich Ferdinand Habsburg-Lothringen war ein begnadeter Techniker, Dokumentarist und Botaniker, aber er war vor allem ein Künstler. Musikalisch talentiert spielte er Zither bis in sein hohes Alter und komponierte kleinere Stücke. Tobi Reiser d.Ä. widmete ihm zu seinem 75. Geburtstag ein Musikstück. Sein großes Talent aber lag im Zeichnen und Malen.

Ein Lehrer Heinrich Ferdinands war u.a. Prof. William Unger für Radierungen. Mit dem Maler Eduard Zetsche unternahm er Studienreisen nach Holland und an den Main. Beim Maler Georg Schildknecht erlernte er Porträt- und Aktzeichnen. Er engagierte sich auch im Künstlerverein in Salzburg und pflegte den Kontakt zu vielen Künstlern.

Erzherzog Heinrich Ferdinand mit seinem Lehrer Georg Schildknecht im Atelier in München, 1909

Heinrich Ferdinand, wie ihn Salzburg kannte – mit Hut und Lodenmantel, 1932

Mit seiner bescheidenen Offizierspension und dem Verkauf einiger seiner Werke konnte Heinrich Ferdinand ein schlichtes aber sehr glückliches Leben mit seiner Familie führen. Er war zurückgezogen aber aktiv, unermüdlich kam er täglich seinen vielen Interessen nach. Er erfreute sich an seinen Enkeln, für die er stets ein großes Vorbild war. Zu ihm kamen viele Freunde, und er wurde auch gerne von der großen Verwandtschaft besucht. Bis ins hohe Alter war er mit seinem Skizzenblock unterwegs, oder man sah ihn vor seiner Staffelei sitzen und malen. So entstanden viele Bilder von der Umgebung seines geliebten Salzburg. Und er bewahrte sich die Fähigkeit, sich für alles Technische zu interessieren.

Heinrich Ferdinand mit Skizzenblock bei Weißensee in Kärnten, 1932

Am 21. Mai 1969 starb Heinrich Ferdinand, er liegt am Aigner Friedhof begraben. Alle, die ihn kannten, waren von seiner großen Bescheidenheit und Einfachheit beeindruckt. Dies bezeugen auch alle seine Werke, die nicht das große Publikum suchen.

Heinrich Ferdinand bei einem Spaziergang 1965 – im Hintergrund sein Sohn Ottmar

Stammbaum des Hauses Habsburg-Lothringen

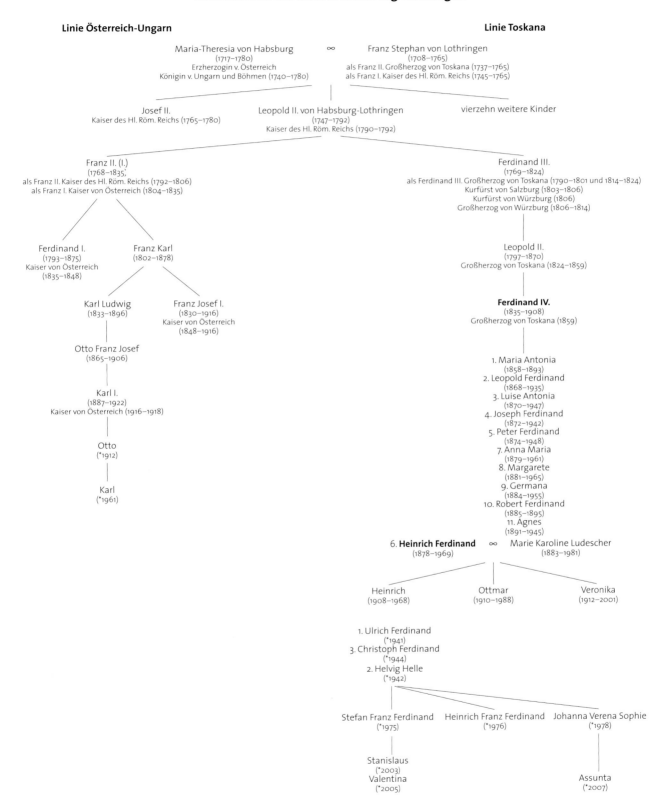

*Waldweg mit einfallendem Sonnenlicht, 1907/1914. Gouache, 39,7 x 27 cm.
Salzburg Museum, Nachlass Erzherzog Heinrich Ferdinand von Habsburg-Lothringen, Inv.-Nr. 10452/2008*

Nikolaus Schaffer

„Ein trefflicher Malerradierer"
Heinrich Ferdinand Habsburg-Lothringen als Künstler

Die Kunst tritt seit dem 20. Jahrhundert mit dem Anspruch der Neuschöpfung auf, während sie sich vordem damit zufrieden gab, die sichtbare Natur nachzuschöpfen. Eine einfache Überlegung sagt uns freilich, dass es ein schlichtes „Abmalen" gar nicht geben kann, denn selbst für die Herstellung eines noch so „naturgetreuen" Abbildes muss eigenständige Übersetzungsarbeit geleistet werden. Auch der Künstler, der sich ausschließlich auf die Natur beruft, kann ohne Zuhilfenahme einer abstrakten Vorstellung nichts zuwege bringen, er muss sich sein Vokabular erst schaffen, und dieses Vermögen steht der Entwicklung einer von der Natur völlig unabhängigen Bildsprache nicht unbedingt nach. Heute, wo die Möglichkeiten abstrakter Bildfindung nach allen erdenklichen Richtungen ausgeschöpft sind, stehen wir wieder voll Bewunderung vor Werken der älteren Kunst, die sich in reiner Betrachtung ergehen, in Selbstbescheidung üben, die auch hinsichtlich des Formates und des Aufgebotes an Motiven nicht um Aufmerksamkeit buhlen. Lange Zeit hat man mit einem gewissen Überlegenheitsdünkel an solchen äußerlich anspruchslosen Arbeiten vorbeigesehen. Die Sehgewohnheiten haben es aber an sich, dass sie sich verändern, auch was einst bahnbrechend gewesen ist, nützt sich einmal ab, und das, was einmal als altmodisch oder belanglos abgetan wurde, gewinnt unversehens an Reiz, erscheint uns wert, wieder hervorgeholt zu werden.

Heinrich Ferdinand Habsburg-Lothringen ist ein wunderbares Beispiel für einen solchen vergessenen echten Kleinmeister, dessen schon zu Lebzeiten vom Zeitgeist „überrundetes" Schaffen uns in einem verwandelten Licht erscheint. Gerade wenn sich der Kunstbetrieb wieder einmal überbietet an Prätention und ambitiöser Rhetorik, wendet sich die Sympathie gerne dem Unaufdringlichen zu, empfinden wir solche Randerscheinungen als wohltuend, die mit ihrer künstlerischen Betätigung nicht mehr und nicht weniger als den anregenden Austausch mit der Natur bezweckten und die fernab weltbewegender Spekulationen der Erscheinungsvielfalt der heimatlichen Landschaft nachgingen. „Alle Maler dieser Art künstlerischer Veranlagung sind Aquarellisten und Radierer. Ins große Format gehen sie nicht gerne. Sie bleiben Analytiker des Lichtes, studieren die Tonwerte, setzen mit Feingefühl Valeurs zueinander und legen sich auf ihre Weise die Intimität der Natur zurecht … Sie sind stille Schwärmer und beschauliche Genießer. Sie hassen alles, was ‚aktuell' ist, hassen die Klobigkeit, das Marktschreiertum, die Reklame. Du lieber Gott, wie sind sie eigentlich in der heutigen Zeit weltfern! Wer nimmt sich die Muße zum Mitgenießen", konstatierte der damalige Salzburger Kritiker-Papst Otto Kunz schon 1926 in seinem Artikel über den „Maler aus dem ehemaligen Kaiserhaus".

Ein Erzherzog, der sich zum Künstler berufen fühlte, hatte es schwerer als so mancher weniger Hochwohlgeborene, diesen Weg einzuschlagen. Er konnte sich nicht einfach die obligatorischen akademischen Sporen verdienen, musste sich jeden Schritt genau überlegen, der ihn der Erfüllung seines nicht standesgemäßen Wunsches näher brachte. So sehr das Malen und Zeichnen in diesen Gesellschaftskreisen als kavaliersmäßige Tugend geschätzt wurde, so wenig akzeptierte man jeden darüber hinausgehenden Ehrgeiz. Solange die militärische Laufbahn nicht gefährdet schien, wurde der „erlauchte Künstler-Dilettant" eifrig umworben, sobald es aber hieß, er beabsichtige, sich ganz seinen künstlerischen Neigungen hinzugeben, wurde seine Position prekär.

Da beim österreichischen Militär auf zeichnerische Fertigkeit traditionell viel Wert gelegt wurde – nicht wenige angesehene Künstler gingen aus diesem Berufsstand hervor –, ließen sich Pflicht und Neigung bei Heinrich Ferdinand anfangs noch unter einen Hut bringen. Wenn er sich „schon zur Zeit, als er das übliche Leutnantsjahr abdienen musste, ... mehr mit dem Zeichenstift und der Radiernadel als mit dem Studium der militärischen Verhältnisse" beschäftigte, ging das gerade noch an. Die Boulevardpresse witterte aber einen neuen Hofskandal, als bekannt wurde, dass sich der Erzherzog unter dem Pseudonym eines Grafen Noven nach München begeben hatte, um ganz der Kunst zu frönen. Es ging das Gerücht, dass er seine Würden niederzulegen beabsichtige – er wäre nicht der erste „Ausreißer" in der Familie gewesen. Offiziell hieß es, es handle sich lediglich um einen mehrmonatigen Urlaub, zu dem der Kaiser seine Einwilligung gegeben habe. „Erzherzog Heinrich Ferdinand nahm damals in Ischl Audienz, um dem Kaiser persönlich seinen Wunsch vorzutragen" („Die Zeit" vom 27.10.1907).

Aber auch in republikanischen Zeiten stand die Herkunft mitunter einer vorurteilslosen Kenntnisnahme im Wege, wenn auch unter umgekehrten Vorzeichen als früher: „Die Liebedienerei, die einst in jeder Äußerung des fürstlichen Dilettantismus ein vollendetes Meisterwerk zu sehen vorgab, hat sich jetzt in eine Bösartigkeit verwandelt, die an Prinzenbegabung nicht glauben mag" („Neues Wiener Journal" vom 6.7.1922). Das durch seinen gesellschaftlichen Status bedingte Leisetreten und der bei ihm ohnehin vorhandene Hang zur Bescheidenheit führten zu jenem asketischen Understatement, das die künstlerische Laufbahn des Erzherzogs – falls man von einer solchen überhaupt sprechen möchte – kennzeichnet.

Einem Hochhinauswollen als Künstler stand er wohl von vornherein fern. Diesem Ehrgeiz waren insofern Grenzen gesteckt, als nicht nur der Ansporn des Erwerbsmäßigen bei ihm zunächst völlig ausschied, sondern der Schwerpunkt des Interesses auf der handwerklich-praktischen Seite lag. Nicht auf das Umsetzen hochfliegender Ideen, sondern auf das Lösen technisch-reproduktiver Probleme waren seine Bestrebungen in erster Linie gerichtet. Folgerichtig wurde sein Augenmerk schon ziemlich bald auf die Technik der Radierung gelenkt. Sie war neben dem Aquarell das seiner Begabung adäquate Medium. Dazu kam die intensive, für damalige Verhältnisse pionierhafte Beschäftigung mit der Fotografie, die durchaus mit denselben Absichten und parallel zu seinen zeichnerischen Studien betrieben wurde. Im Sinne eines wissenschaftlichen Sehens wurden Kamera und Zeichenstift vor ein und demselben Objekt bzw. Modell vergleichend erprobt.

Im Hause Toskana war es Familientradition, der Kunst einen hohen Stellenwert einzuräumen. Unter der „Regentschaft" Ferdinands IV. hatte der bekannte Salzburger Landschaftsmaler Franz Hinterholzer (1851–1928) das Amt des großherzoglichen Zeichenmeisters inne und wurde somit auch zum ersten Lehrer Heinrich Ferdinands. Ab 1891 wurde er von dem Realschulprofessor Hermann Lukas (1848–1908), einem sehr geschätzten Schulmann, unterrichtet, der dafür 1892 vom Salzburger „Schattenkabinett" mit dem Ritterkreuz des toscanischen Civil-Verdienst-Ordens ausgezeichnet wurde. An der Militär-Oberrealschule in Mährisch Weißkirchen und an der Theresianischen Militärakademie in Wiener Neustadt waren Oberstleutnant Zimburg von Reinerz bzw. Hauptmann Loidolt seine Zeichenlehrer. 1897, im letzten Jahr der Militärakademie, stellte der Erzherzog mit seinem Klassenkameraden Ferdinand Allé das Reiseskizzenbuch „In 11 Tagen von Neustadt nach Triest" zusammen, das vom k.u.k. militär-geographischen Institut vervielfältigt wurde. In diese Zeit fallen auch seine ersten Versuche mit geätzten Kupferplatten, die er ohne fremde Anleitung, lediglich mit einem uralten Lehrbuch ausgerüstet, unternahm. Als Erstling wurde eine eigenhändige Zeichnung von Lindau, dem Sommersitz der Familie, für die Verwandtschaft reproduziert. Auch die Kopie einer Landschaftsradierung von Rembrandt soll damals entstanden sein.

Nachdem er 1897 Offizier – mit Garnison in Enns – geworden war, verfügte er wieder über mehr freie Zeit und intensivierte seine Anstrengungen, es in der Kunst weiter zu bringen. Er trat einerseits mit dem Wiener Altmeister der Radierkunst, William Unger (1837–1932), in Verbindung, andererseits wurde Eduard Zetsche (1844–1927), ein bedeutender Vertreter des österreichischen Stimmungsrealismus, sein Lehrmeister. „So oft er vom Regiment beurlaubt werden konnte, kam er nach Wien, um hier den größten Teil des Tages am Arbeitstische, den ihm Prof. Unger in seinem eigenen Atelier am Schillerplatz eingeräumt hatte, zu verbringen. Aber auch in seinem Garnisonsorte pflegte er die Kunst der Kupferstecherei. Er ließ sich eine Presse nach Enns kommen, auf der er seine Radierungen selbst vervielfältigte, und bei der großen Vorliebe, die der Erzherzog den technischen Subtilitäten seiner Kunst entgegenbringt, fesselte ihn auch dieses Verfahren. Er pflegte aus Oberösterreich landschaftliche Skizzen und Aquarelle nach Wien zu bringen, die er auf die Platte übertrug".

Um die Jahrhundertwende gab es verstärkt Anzeichen, dass sich Heinrich Ferdinand der bloßen Liebhaberei entwachsen fühlte und sich aus der Reserve locken ließ. Im Jänner 1903 waren mehrere Tableaux seiner druckgrafischen Arbeiten, die meist im Ansichtskartenformat gehalten waren, erstmals öffentlich in Salzburg zu sehen, und zwar im Schaufenster der Buchhandlung Höllrigl, das dessen kunstsinniger Besitzer Hermann Kerber heimischen Künstlern regelmäßig zur Verfügung stellte; es erfüllte die Funktion einer Wechselausstellung, die im damaligen Salzburg sonst nicht gegeben war. Im Juni 1904 berichtet das „Wiener Fremdenblatt": „Der Wunsch, die Erzeugnisse eines erlauchten Künstler-Dilettanten auch weiteren Kreisen zugänglich zu machen, bestimmte einige Salzburger Kunstfreunde zu der Bitte, der Herr Erzherzog wolle dieselben auch zur öffentlichen Ausstellung im Salzburger Künstlerhause bringen lassen. Nach einigem, bei seiner Bescheidenheit begreiflichem Zögern gab der Herr Erzherzog Seine Einwilligung. So wird die Mitte

*Stadtmauer mit Turmgebäude in Sulzfeld am Main, 1907. Aquarell, 31 x 24,7 cm.
Salzburg Museum, Nachlass Erzherzog Heinrich Ferdinand von Habsburg-Lothringen, Inv.-Nr. 1624/2008*

*Küche oder Esse mit Pyramidenhelm in Senftenberg, 1903. Aquarell, 30,2 x 22,2 cm.
Salzburg Museum, Nachlass Erzherzog Heinrich Ferdinand von Habsburg-Lothringen, Inv.-Nr. 1630/2008*

dieses Monats zu eröffnende Kunstausstellung durch diese Werke einen besonderen Reiz und namentlich auch für Liebhaber und Sammler von Werken der vervielfältigenden Künste eine neue Anziehungskraft erhalten". Erwähnt wird in diesem Artikel auch ein „gelinder Anklang an die sezessionistische Darstellungsweise".

Mehr als nur eine Verbeugung vor einem Mitglied des Kaiserhauses muss man darin sehen, dass die angesehene Zeitschrift „Die graphischen Künste" 1903 mehrere Proben seiner Radierkunst brachte, versehen mit einem Einführungstext von Zetsche. Und im Mai 1905 war im Rahmen einer musealen Präsentation der Kupferstichsammlung des Feldzeugmeisters Albin Freiherrn zu Teuffenbach am Grazer Joanneum auch eine Reihe von Originalradierungen und Lithografien des Erzherzogs zur Besichtigung geboten.

Den entscheidenden Schritt vom Amateur zum Künstler hatte Heinrich Ferdinand die Begegnung mit Eduard Zetsche gebracht. Mit ihm zusammen aquarellierte er ab 1902 in Enns und Umgebung (vorzugsweise in Senftenberg), in den Folgejahren auch auf sommerlichen Kunstfahrten an den Main und nach Holland. Während seine bisherige Entwicklung hauptsächlich dazu angetan war, die zeichnerischen Fertigkeiten vor dem Motiv zu perfektionieren, erhielten diese jetzt ihren Feinschliff. Zetsche gelang es mühelos, einen Gutteil der ihm eigenen Eleganz der Stilisierung und Weichheit der Farbgebung auf den Schüler zu übertragen, denn dieser brachte ein Sensorium für zarte Nuancen und eine bedächtige Arbeitsweise mit, die ihn für die hohe Schule des Aquarells prädestinierten. Waren die Akzente früher eher hart und direkt gesetzt, so tritt nun das formale Kalkül bei der Bildgestaltung stärker in den Vordergrund. Auch der schlichteste Vorwurf wird bei ihm durch das immer stärker entwickelte Gefühl für die Wertigkeit von Farbflächen und Kompositionslinien, für die damals sogenannten dekorativen Werte, nobilitert.

1907 setzte Heinrich Ferdinand seinen Entschluss, nach München zu gehen, in die Tat um. Vermutlich reichten seine Kontakte mit München schon weiter zurück, denn als einer seiner Lehrer wird Moritz Weinholdt erwähnt, der an den Vereinigten Privatschulen für Malen und Zeichnen unterrichtete, allerdings schon 1905 verstarb. Wie es sich für einen echten Künstler gehörte, mietete er sich sein Atelier in Schwabing, in der Georgenstraße. Sein Nachbar war ein heute vergessener Veteran des Leibl-Kreises, Professor Albert Lang, mit dem er offensichtlich auf vertrautem Fuß stand. Der „letzte Deutsch-Römer", wie er genannt wurde, war Altersgenosse und Freund von Schuch, Trübner, Böcklin und Thoma, stand jedoch in seiner antikisierenden Bildwelt den künstlerischen Ideen Hans von Marées' und Adolf von Hildebrandts am nächsten. Was seine Landschaften anbetrifft, erweist sich darin eine grundklassizistische Auffassung mit den stilisierenden Tendenzen der neueren Zeit als durchaus vereinbar; eine Option, die auch dem eher traditionalistisch gesonnenen Salzburger zugesagt haben dürfte, der in dem Altmeister Lang bald eine Art Vorbild gesehen hat.

Prinzipiell scheint Heinrich Ferdinand mit seinem Münchener Aufenthalt aber vor allem die Absicht verbunden zu haben, seine künstlerischen Ambitionen ins figürliche Fach auszudehnen. „In München wird der Prinz vorerst Aktstudien betreiben", hieß es denn auch in der Presse. Dass er sich seinen Lehrer in der Person des Malers Georg Schildknecht (1850–1939) suchte, weist ebenfalls auf diese Zielsetzung. Der vormalige Leipziger Akademieprofessor leitete seit den 1880er Jahren eine der zahlreichen privaten Malschulen in der von Kunstjüngern aus aller Herren

Länder förmlich überlaufenen, für ihren geselligen Lebensstil gerühmten bayerischen Metropole. Im Nachlass dokumentieren in erster Linie zahlreiche Kopfstudien von kraftvollem Duktus diese Ausbildungsphase, darüberhinaus scheint Heinrich Ferdinand erstmals einige Anstrengungen auf die bisher ausgeklammerte Ölfarbentechnik angewendet zu haben. In der dunklen und stumpfen, wenig ansprechenden Farbgebung dieser Studien, Stillleben und Porträts, ist unschwer Schildknechts Einflussnahme zu erkennen. Denn der hat sich damals, einer Modeströmung folgend, mit betont erdschweren Bauerntypen, vor allem Dachauerinnen, deren Urwüchsigkeit reichlich überzogen wirkt, einen Namen gemacht. Heinrich Ferdinand hat sich aber offensichtlich mit der grobschlächtigen Manier dieses Lehrers nicht anfreunden können. Er blieb für ihn eine Episode, die lediglich zur Folge hatte, dass er sowohl die Figuren- als auch die Ölmalerei für alle künftigen Zeiten bleiben ließ.

Umso positiver verlief die Fühlungnahme mit einer anderen Persönlichkeit des Münchener Kunstlebens, mit Peter Halm (1854–1923), der schon längst den Ruf einer Kapazität und eines Reformers auf dem Gebiet der Radierung genoss. Unger, Heinrich Ferdinands erster Lehrmeister, gehörte mit seiner schmissigen, großzügigen Art, die Nadel einzusetzen, mit seiner Vorliebe für das Pittoreske, Kontrastvolle im Grunde noch der Makart-Zeit an. Die ruhigere und disziplinertere Vorgangsweise Halms, die sich durch einen konsequenten Umgang mit rein grafischen Mitteln auszeichnet, stand dem Temperament Heinrich Ferdinands zweifellos näher. Außerdem war die Wende vom romantizistischen Überschwang zu einer mehr sachlich-soliden Auffassung, vom Dynamischen zum Beschaulich-Impressiven generell von der Kunstentwicklung der Jahrhundertwende vorgezeichnet. Obwohl sich Halms Anschauung im Rahmen der idealistischen Landschaftstradition und des Altmeisterlichen bewegte, erlaubte sie es dennoch, subtilen Lichtwirkungen nachzuspüren, sie integrierte insofern den impressionistischen Ansatz, der von der englischen Schule in der Nachfolge Whistlers ausgegangen war. Dabei rechnet die saubere und klare, stets fragil-feinnervige Linienführung in hohem Maße mit der Wirkung des hellen Papiergrundes.

Die profunde Beherrschung der Technik, zu der Heinrich Ferdinand nunmehr gelangte, war nicht nur auf den relativ spröden geätzten Strich angewiesen, sie schloss auch eine vielfältig nuancierte Beschaffenheit der Linie und den Einsatz flächig-toniger Partien ein, wie ihn erst eine verfeinerte Handhabung erlaubt. Sein Radierwerk wuchs im Lauf der Jahre auf an die hundert Platten an. Wenn er sich einmal für ein Motiv entschieden hatte, beschäftigte er sich sehr eingehend damit, nahm immer wieder Änderungen und Verbesserungen vor, die Arbeit vom Entwurf zum erwünschten Resultat konnte sich manchmal über Jahre und zahlreiche dazwischenliegende „Zustände" hinziehen.

Höhepunkt seiner Leistung als Radierer war zweifellos die 1920/1922 vom Wiener Verlag Würthle & Sohn Nachf. in Mappenform publizierte Serie der Salzburger Schlösser (s. S. 81–87 in diesem Band), der kurioserweise als verbindender Begleittext ein ganzer kulturhistorischer Roman beigegeben ist, verfasst von Salzburgs damaligem Fremdenverkehrsdirektor Hans Hofmann-Montanus, dessen literarische Ambitionen hier offensichtlich nicht zu bremsen waren. Für Heinrich Ferdinand waren vorzugsweise Motive, deren Reiz in der Verbindung von geschichtsträchtigen Bauwerken – Schlössern oder Bauernhäusern – und kultivierter Landschaft liegt, darstellenswert. Seine Sicht auf die Wirklichkeit ist gleichermaßen nüchtern und

Ortsteil von Senftenberg, 1903. Aquarell, 34,8 x 24,9 cm.
Salzburg Museum, Nachlass Erzherzog Heinrich Ferdinand von Habsburg-Lothringen, Inv.-Nr. 1631/2008

*Villa an der Stauwehr in Senftenberg, 1903. Aquarell, 33,8 x 26 cm.
Salzburg Museum, Nachlass Erzherzog Heinrich Ferdinand von Habsburg-Lothringen, Inv.-Nr. 1638/2008*

verklärend, ein wenig trocken zwar, dennoch von einer platten Wiedergabe weit entfernt. Schon von den zeitgenössischen Rezensenten wurde das Unprätentiöse, Schlichte, Vornehme der künstlerischen Umsetzung als besonderer Vorzug erkannt – Qualitäten, die zu schätzen wir heute vielfach erst wieder lernen müssen. Während sich auch in der Landschaft eine auf starke Wirkungen zielende „Ausdruckskunst" breit machte, blieb Heinrich Ferdinand den eher lyrischen Stimmungsqualitäten der „paysage intime" verpflichtet. „Die Landschaft wirft ihm keine Probleme auf, mit denen er sich titanisch raufen muß, er flüchtet vielmehr in sie hinein, huschelt sich unter die schattigen Bäume und versteckt sich hinter dem dicken Gemäuer der Bauernhäuser, die so viel von alten Begebenheiten und unenträtselten Geheimnissen zu erzählen wissen" (Otto Kunz).

Heinrich Ferdinands Inerscheinungtreten bei Ausstellungen war auch in späteren Jahren eher sporadisch. Die bemerkenswerteste Ausnahme war die 56. Gruppenausstellung im September 1927 im Nemzeti Szalon (Nationalsalon) in Budapest), bei der er 44 Radierungen zeigte. Mit ihm und fünf ungarischen Malern war noch der Kärntner Holzschneider Suitbert Lobisser von der Partie – die Berichterstattung nahm das zum Anlass, effektheischend von zwei interessanten Österreichern berichten zu können: einem Erzherzog und einem Mönch. Der „Pester Lloyd" apostrophierte ihn als einen „trefflichen Malerradierer". Man kann darin durchaus einen Ehrentitel sehen, der von Kennern nur solchen Vertretern der grafischen Zunft zuerkannt wurde, die sich ihrer Disziplin mit wahrer Hingabe und aus künstlerischer Notwendigkeit heraus widmeten und darin nicht nur ein wohlfeiles Vervielfältigungsverfahren erblickten.

Die verbürgerlichten Verhältnisse brachten es mit sich, dass Heinrich Ferdinands Künstlermappen in dieser Zeit sehr wohl herangezogen werden mussten, um den Lebensunterhalt der Familie zu sichern. „Seine Preise erscheinen weder kaiserlich noch königlich, ja kaum herzoglich; sie zeigen eine rührende Anspruchslosigkeit, die Heinrichs ganze Person auszeichnet", verriet eine schwedische Zeitschrift ihren Lesern anlässlich eines Korrespondentenbesuchs in Heinrich Ferdinands Salzburger Künstlerheim, dem 1912 erworbenen Schlösschen Flederbach in Parsch. Im Zusammenhang mit einer souvenirmäßigen Verwertbarkeit experimentierte er auch mit dem Holzschnitt und anderen Handdruckverfahren. Gelegentlich betätigte er sich als Exlibris-Künstler.

Im Salzburger Künstlerhaus erhielt er 1928 – zusammen mit Rudolf Dimai – eine lobende Anerkennung. Er bevorzugte allerdings das Ausstellungslokal des Wirtschaftsverbandes bildender Künstler Salzburg, das sich im Schloss Mirabell befand, und er fühlte sich dem Künstlerstand so weit verbunden, dass er nach dem Zweiten Weltkrieg auch dessen Nachfolgeorganisation, der Berufsvereinigung, als Mitglied angehörte. Ja, er muss innerhalb der Salzburger Künstlerschaft ein besonderes Vertrauen genossen haben, denn in den letzten Jahren der Ersten Republik fungierte er sogar als Präsident der Standesvertretung. Als solcher führte er beispielsweise die Ausstellung „Salzburger Künstler in Wien" im Glaspalast des Burggartens durch, die am 14. März 1937 von Landeshauptmann Dr. Franz Rehrl im Beisein von Bundesminister Glaise-Horstenau eröffnet wurde. Auf der Teilnehmerliste standen u.a. Max von Poosch, Adolf Helmberger, Wilhelm Kaufmann, E. Tony Angerer, Michael Ruppe, Alberto Susat, Maria Cyrenius, Emma Schlangenhausen, Theodor Kern, Else Martys, Slavi Soucek, Elfriede Mayer und Hilde Heger, um nur jene Namen zu nennen, die man heute vielleicht noch kennt. Auch im Dritten Reich fanden Gastausstellungen Salzburger Künstler statt, so 1941 im Kunstverein Göttingen, wo Heinrich Ferdinand neben Karl Reisenbichler, Wilhelm Kaufmann, Eduard Bäumer, Karl Weiser, Franz Schrempf, Elfriede Mayer u.a. aufscheint. Mit dabei war seine 1912 geborene Tochter Veronika Habsburg-Lothringen, die soeben ein Kunststudium an der Wiener Akademie unter Professor Karl Fahringer absolviert hatte. Als die Landesverbände 1947 die „Erste große österreichische Kunstausstellung" nach dem Krieg im Wiener Künstlerhaus auf die Beine stellten, lud man Heinrich Ferdinand zur Teilnahme ein, der mit „Festung Hohensalzburg" und „Motiv bei Enns" zwei typische ältere Arbeiten einsandte.

Auch im hohen Alter scheint Heinrich Ferdinand fast täglich ins Moos gewandert zu sein, dem traditionellen Salzburger Malrevier am Fuß des Untersbergs. Die Torfwirtschaft war dort noch im vollen Gang, fügte der Landschaft eine reizvolle, wenn auch eintönige malerische Staffage hinzu. Er begnügte sich mit dem, was ihm dieses Umfeld bot, aquarellierte eine Mooslandschaft nach der anderen, entrichtete der Kunst auf diese Weise nach wie vor ihren Tribut, wenngleich dieser kaum über das Notizblockformat hinausging. Der künstlerische Impetus, der ursprünglich gegen enorme Widerstände durchgesetzt worden war und vielleicht zu größeren Erwartungen Anlass gegeben hätte, verebbte, aber versiegte nicht. Eine fortschreitende Augentrübung, die die Strichführung sogar etwas „moderner" machte, störte weder Heinrich Ferdinands tägliche „Fingerübungen" noch schadete sie der konstanten Qualität seiner Blätter.

Literatur

Eduard Zetsche: Zu einer Radierung des Erzherzogs Heinrich Ferdinand. In: Die graphischen Künste, 26. Jg., Wien 1903, S. 116.

Erzherzog Heinrich Ferdinand als Radierer. In: Triester Tagblatt vom 2.7.1904 (ebenso in Salzburger Zeitung Nr. 133 vom 14.6.1904, S. 2 f., übernommen aus: „Wiener Fremdenblatt").

Lukas Erlacher: Ein fürstlicher Künstler. In: Donauland. Illustrierte Monatsschrift, 1. Jg., Wien 1917, Heft 8 (Oktober), S. 895 f. (s. S. 49–50 in diesem Band).

Otto Kunz: Ein Maler aus dem ehemaligen Kaiserhaus. In: Bergland. Illustrierte alpenländische Monatsschrift, Jg. 8, Innsbruck 1926, Nr. 5 S. 45 ff.

Vecko-Journalen Stockholm, Nr. 39, Sonntag 25.9.1927, S. 22; Nr. 49, Sonntag 4.12.1927, S. 36 f. (gezeichnet: A.Q.).

Gehöft bei Hinterschloss in Kärnten, 1912. Aquarell, 24,5 x 16,8 cm.
Salzburg Museum, Nachlass Erzherzog Heinrich Ferdinand von Habsburg-Lothringen, Inv.-Nr. 10715/2008

Gehöft bei Okocim in Polen, 1915. Aquarell, 16,8 x 24,5 cm.
Salzburg Museum, Nachlass Erzherzog Heinrich Ferdinand von Habsburg-Lothringen, Inv.-Nr. 10713/2008

Bursche Erzherzog Heinrich Ferdinands in Luck in der Ukraine, 1916. Buntstiftzeichnung, 30 x 19,9 cm.
Salzburg Museum, Nachlass Erzherzog Heinrich Ferdinand von Habsburg-Lothringen, Inv.-Nr. 10493c/2008

Ausrüstungsteile Erzherzog Heinrich Ferdinands in Luck in der Ukraine, 1916. Buntstiftzeichnung, 24,5 x 19,6 cm.
Salzburg Museum, Nachlass Erzherzog Heinrich Ferdinand von Habsburg-Lothringen, Inv.-Nr. 10493a/2008

Unterkunft Erzherzog Heinrich Ferdinands in Luck in der Ukraine, 1916. Buntstiftzeichnung, 19,8 x 23,3 cm.
Salzburg Museum, Nachlass Erzherzog Heinrich Ferdinand von Habsburg-Lothringen, Inv.-Nr. 10493b/2008

Flussanlegestelle vor einem Haus in der Ukraine, ca. 1916. Gouache, 14,4 x 20,8 cm.
Salzburg Museum, Nachlass Erzherzog Heinrich Ferdinand von Habsburg-Lothringen, Inv.-Nr. 10493d/2008

Jüdischer Friedhof bei Luck in der Ukraine, ca. 1916. Kohle und Aquarell, 14,5 x 20,3 cm.
Salzburg Museum, Nachlass Erzherzog Heinrich Ferdinand von Habsburg-Lothringen, Inv.-Nr. 10493g/2008

Häuser an einem Bach bei Luck in der Ukraine, ca. 1916. Gouache, 17,9 x 26,2 cm.
Salzburg Museum, Nachlass Erzherzog Heinrich Ferdinand von Habsburg-Lothringen, Inv.-Nr. 10493f/2008

Wäscherinnen am Fluss in Luck in der Ukraine, 1916. Gouache, 20,4 x 29,7 cm.
Salzburg Museum, Nachlass Erzherzog Heinrich Ferdinand von Habsburg-Lothringen, Inv.-Nr. 10493e/2008

*Porträt eines Mannes, München, zwischen 1907 und 1914. Öl auf Karton, 49,7 x 33,7 cm.
Salzburg Museum, Nachlass Erzherzog Heinrich Ferdinand von Habsburg-Lothringen, Inv.-Nr. 10450/2008*

*Totenkopf mit roter Mütze, München zwischen 1907 und 1914. Öl auf Karton, 50,8 x 35,2 cm.
Salzburg Museum, Nachlass Erzherzog Heinrich Ferdinand von Habsburg-Lothringen, Inv.-Nr. 10444/2008*

Gehöft nahe Mutters bei Innsbruck, 1923. Radierung, 22 x 16,9 cm (Platte).
Salzburg Museum, Nachlass Erzherzog Heinrich Ferdinand von Habsburg-Lothringen, Inv.-Nr. 1604a/2008

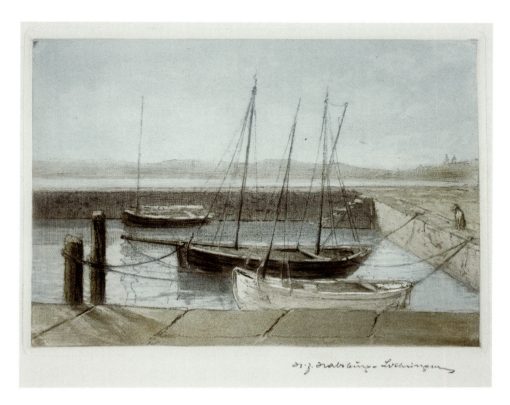

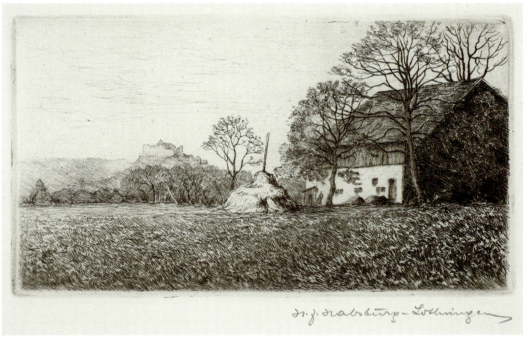

Segelboote bei Lindau am Bodensee, 1903. Kolorierte Radierung, 16,9 x 23,5 cm (Platte).
Salzburg Museum, Nachlass Erzherzog Heinrich Ferdinand von Habsburg-Lothringen, Inv.-Nr. 1584a/2008

Blick auf die Festung Hohensalzburg, 1926. Radierung, 10,2 x 17,4 cm (Platte).
Salzburg Museum, Nachlass Erzherzog Heinrich Ferdinand von Habsburg-Lothringen, Inv.-Nr. 1609a/2008

Reintalgasse in Enns, 1902. Radierung, 25 x 18,2 cm (Platte). Salzburg Museum, Nachlass Erzherzog Heinrich Ferdinand von Habsburg-Lothringen, Inv.-Nr. 1574a/2008

Pferdegespann, 1911. Radierung, 15,9 x 10,9 cm (Platte). Salzburg Museum, Nachlass Erzherzog Heinrich Ferdinand von Habsburg-Lothringen, Inv.-Nr. 1594a/2008

Blick von der Alten Residenz auf die Festung mit Festungsbahn, 1903. Radierung, 16,8 x 10 cm (Platte). Salzburg Museum, Nachlass Erzherzog Heinrich Ferdinand von Habsburg-Lothringen, Inv.-Nr. 1580/2008

Haus hinter kahlen Bäumen, 1920. Bleistiftzeichnung, 23,4 x 26 cm.
Salzburg Museum, Nachlass Erzherzog Heinrich Ferdinand von Habsburg-Lothringen, Inv.-Nr. 1471/2008

Wasenhütte im Leopoldskroner Moos, 1933. Aquarell, 22,8 x 13,9 cm. Salzburg Museum, Nachlass Erzherzog Heinrich Ferdinand von Habsburg-Lothringen, Inv.-Nr. 1534/2008

Karussell vor Untersberg, 1933. Aquarell, 22,7 x 13,9 cm. Salzburg Museum, Nachlass Erzherzog Heinrich Ferdinand von Habsburg-Lothringen, Inv.-Nr. 1551/2008

Heutriste vor Wasenhütten im Leopoldskroner Moos, 1933. Aquarell, 13,8 x 22,7 cm.
Salzburg Museum, Nachlass Erzherzog Heinrich Ferdinand von Habsburg-Lothringen, Inv.-Nr. 1538/2008

Wiesenböschung mit Strauch, 1933. Aquarell, 13,8 x 22,7 cm.
Salzburg Museum, Nachlass Erzherzog Heinrich Ferdinand von Habsburg-Lothringen, Inv.-Nr. 1541/2008

Torfstich im Leopoldskroner Moos mit Hochstaufen, 1933. Aquarell, 13,9 x 22,9 cm.
Salzburg Museum, Nachlass Erzherzog Heinrich Ferdinand von Habsburg-Lothringen, Inv.-Nr. 1549/2008

Wasenhütte im Leopoldskroner Moos mit Blick auf die Festung Hohensalzburg, 1933. Aquarell, 13,8 x 22,8 cm.
Salzburg Museum, Nachlass Erzherzog Heinrich Ferdinand von Habsburg-Lothringen, Inv.-Nr. 1547/2008

Lesende Dame mit Hut, 1908/1918, Bleistiftzeichnung, 12,9 x 8,6 cm; Sonnenuhr mit Bergsteiger, 1918. Buntstiftzeichnung, 14 x 9,1 cm; Gehöft hinter Bäumen, 1920. Holzschnitt, 6 x 8,3 cm; Gehöft hinter Bäumen, um 1920. Holzschnitt, 8,8 x 13,4 cm. Salzburg Museum, Nachlass Erzherzog Heinrich Ferdinand von Habsburg-Lothringen, Inv.-Nrn. 10718/2008, 10717/2008, 10720/2008, 10721/2008

Gehweg zu einer Kirche, 1920. Kolorierter Holzschnitt, 13,5 x 15 cm; Kopf- und Porträtstudien, zwischen 1908 und 1918, Gouache, 8,7 x 11,2 cm und 4,8 x 4 cm. Salzburg Museum, Nachlass Erzherzog Heinrich Ferdinand von Habsburg-Lothringen, Inv.-Nrn. 10722/2008, 10719/2008

Blick durch eine Wasenhütte im Leopoldkroner Moos auf den Hochstaufen, 1950. Aquarell, 14,8 x 23,8 cm.
Salzburg Museum, Nachlass Erzherzog Heinrich Ferdinand von Habsburg-Lothringen, Inv.-Nr. 1863/2008

Brücke über die Salzach bei Hellbrunn, 1950. Aquarell, 14,8 x 23,8 cm.
Salzburg Museum, Nachlass Erzherzog Heinrich Ferdinand von Habsburg-Lothringen, Inv.-Nr. 1853x/2008

Lukas Erlacher

Ein fürstlicher Künstler

Aus: Donauland. Illustrierte Monatsschrift, 1. Jg., Wien 1917, Heft 8, S. 895–896 (mit weiteren Abbildungen auf S. 897–898)

Die Beurteilung künstlerischer Arbeiten, deren Urheber eine fürstliche Person ist, wird meistens befangen, durch ein wahres Unkrautdickicht von Voreingenommenheiten, freundlichen wie gegnerischen, behindert sein, und überdies noch beträchtlich erschwert werden durch den ungeheuren sozialen Abstand des kritisch Beurteilten von dem beurteilenden Kritiker, denn dieser Abstand schafft eine Perspektive, die nach oben hin verzeichnend wirkt. Um dieser beirrenden Täuschung nach Tunlichkeit zu entgehen, tut der kritisierende Beschauer gut daran sich zu erinnern, daß die adelige Gesellschaft Wiens einschließlich der „allerhöchsten Herrschaften", seit der Kongreßzeit stets mit Eifer und Erfolg in den zeichnenden Künsten zu dilettieren pflegte. Gräfin Marie Czernin radierte Figurales, darunter auch ein Selbstbildnis, Gräfin Ulrike Falkenhayn, Gräfin Flora Kageneck, Graf Josef Dietrichstein, Markgraf Eduard Pallavicini, Freiherr von Pereira, Graf L. Buquoy, um nur einige zu nennen, stachen und lithographierten Ansichten und Jagdszenen, Gräfin Gabriele St. Genois malte eine Folge von über ein halbes Hundert Porträtaquarellen, Fürstin Marie Schwarzenberg radierte eine Serie von zehn Blättern mit Ansichten der Schwarzenbergischen Schlösser und Franz von Hauslab, der Feldzeugmeister und nachmals berühmte Sammler, Sohn des gleichnamigen Malers und Zeichenlehrers an der „K.k. Ingenieurakademie zu Wien", führte nicht ohne Geschicklichkeit die Radiernadel. Von Mitgliedern des Kaiserhauses radierte Erzherzogin Maria Anna niedliche Genrebildchen und Erzherzog Ludwig Josef sogar farbige Platten; ja selbst Erzherzog Johann, dem die Natur bekanntlich näher war als die Kunst, betätigte sich sozusagen künstlerisch, indem er eigenhändig die Bilder in Fuggers „Ehrenspiegel" kolorierte. Erzherzog Heinrich Ferdinand ist demnach nicht ohne erlauchte Vorgänger, wenn auch ohne Vorbilder, und die gute Technik, über die er als Maler verfügt, ist bei ihm sozusagen selbstverständlich, eine Frage des Taktes, des Darumwissen, wie man sich eben auf diesem Gebiete zu „benehmen" hat – und das weiß solch hochgeborener Herr immer. Da nun dem Kunstkritiker von Beruf als allein entscheidend die allgemeine Höhe des Handwerks, nicht der Rang des einzelnen Menschen gilt, wird es ihm angesichts der bildmäßigen Arbeiten dieses fürstlichen Künstlers zum freudig empfundenen Erlebnis, ihnen, ohne Ansehung der Person und ihres hohen Ranges, als kunstwertigen Leistungen die gebührende Anerkennung zollen zu können. Erzherzog Heinrich Ferdinand besitzt die für einen Künstler geradezu unschätzbare Fähigkeit, über die Sichtbarkeiten der Welt unausgesetzt erstaunt zu sein und sich in der Welt dennoch heimisch zu fühlen. Wer da wähnt, solch fürstlicher Herr müßte über eine verfeinerte, hochadlige Aristokratenhand verfügen, eine schlankfingerige, schmalgliederige, sachte und zögernd zulangende, etwas müde und scheue Hand, der vergißt, daß so eine feinknöchelige Fürstenhand die Zaumzügel äußerst temperamentvoller Pferde und den Griff biegsam-schnellkräftiger Stahlklingen fest und sicher, stets sehr fest zu halten und handhaben vermochte. So fest wie einen Zügel und so sicher wie eine blanke Waffe hält und führt der fürstliche Künstler den Stift und den Pinsel, den Grabstichel und das Schabeisen. Sowohl in den Radierungen wie in den kleinen Wasserfarbenblättern von seiner Hand erscheint die Natur weder mit „romantischem Schwung" pittoresk, noch mit streng „architektonischem Aufbau" heroisch stilisiert, sie stellt keine „idealen" Haine mit bukolischer Staffage, keine „effektvollen" Gewitter, keine theatralischen Mondschein- und Wasserfallprospekte dar, sondern einfache, schlichte Ausschnitte der Alltagsnatur, mit klaren und gesunden Augen erschaut und echtem Wiener Landpartiengeist empfunden. Das allgemein Giltige des dargestellten Natürlichen und das allgemein Giltige des darstellenden Künstlerischen zusammen verleihen diesen radierten und aquarellierten Landschaften ihren besonderen Wert und eine Bedeutung, die ähnliche Liebhabereien anderer weit übertrifft. Die geflissentliche Vermeidung der „großen Gebärde", der pathetischen oder posierten, zu gunsten des Strebens, in der Naturauffassung ein möglichst ungesuchtes, natürliches Verhältnis zu den Dingen zu finden und im Bilde zum Ausdruck zu bringen, herrscht unbestritten vor und bewirkt den Eindruck, daß man es hier mit einer kraftvollen Individualität zu tun habe, die mit der ganzen Ruhe des Daseinsbehagens am Bildwerke tätig ist, ohne zwischen sich und das Objekt vorgefaßte Meinungen und willkürliche Absichten treten zu lassen.

Peter Laub

Fotografie und Farbe

Für uns heute ist die Farbfotografie[1] zur selbstverständlichen Begleiterin geworden, und es ist kaum vorstellbar, dass sie das erst seit gerade einmal sechzig Jahren ist. Im Printbereich wird seither fast alles in Farbe gedruckt, was ein Foto zur Vorlage hat, das ist lebendiger, wirklichkeitsnäher, wahrhaftiger, wirksamer.

  Es scheint eine anthropologische Konstante zu sein, dass die Menschen ihre gestaltete Umgebung farbig anlegen, wiewohl die Farbwahrnehmung selbst sehr wohl geschichtlichen und kulturellen Wandlungen unterliegt – wie man es etwa an der unterschiedlichen Differenziertheit der sprachlichen Farbbegriffe feststellen kann. Einfache, starkfarbige Gestaltung kennen wir von den Anfängen der Höhlenmalereien, über die Ägypter bis zu den Griechen und Römern, und noch das Mittelalter arbeitet damit, wenn auch kräftig symbolisch umkreist. Der erweiterte Realitätssinn der Renaissance entdeckte die Farbe als Ausdrucksmittel, die Lokalfarbe. Die Menge der Farbmöglichkeiten wuchs mit der Ausdehnung ihrer Einsatzgebiete, sie wuchs auch mit der zunehmenden Differenzierung der Gesellschaft und der fortschreitenden Zivilisierung des Individuums. Im Barock erleben wir dann wieder eine Reduzierung der Farbvaleurs als bewussten Verzicht, als kalkulierte Einschränkung der Palette; im Rokoko stürzten die Farben wieder frei und bisweilen frivol heraus und lösten in ihrer Ungebundenheit die Gegenreaktion des Klassizismus aus, der in der Bändigung der Sinne und der Farbe das Mittel zu einer vernunft- und bildungsmäßig abgesetzten Konzentration auf das Wesentliche erblickte. Dass dies wieder eine Welle der Farbzugewandtheit auslöste, wird man beinahe als logisch empfinden.

  Wir sind nun in der ersten Hälfte des 19. Jahrhunderts, in einer sich verbürgerlichenden, nach allen Seiten hin sich ausdehnenden und immer urbaner werdenden Gesellschaft, die nach neuen Definitionen für das immer komplizierter werdende Verhältnis zwischen dem Einzelnen und dem Gemeinwohl sucht. Es ist die Zeit der Verwissenschaftlichung, der wachsenden Mobilität und Akzeleration, der beginnenden Industrialisierung, die Ära der Dampfmaschine, eine Aufbruchszeit, eine der Vermessung und der einsetzenden Vermassung – vor allem in den fortschrittlichsten Ländern Europas, England und Frankreich. Es entsteht eine neue politische, wirtschaftliche, kulturelle Öffentlichkeit von ungekannten Ausmaßen

Eine der Kameras, mit denen Erzherzog Heinrich Ferdinand seine Autochrome aufnahm. Laufbodenklappkamera, 1900–1910. Linhof-Technica?, 20 x 17 x 20,4 cm (ausgefahren). Salzburg Museum, Nachlass Erzherzog Heinrich Ferdinand von Habsburg-Lothringen, Inv.-Nr. 10602/2008

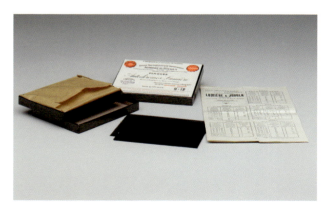

Eine Packung Autochrome enthielt vier Glasplatten. Salzburg Museum, Nachlass Erzherzog Heinrich Ferdinand von Habsburg-Lothringen, Inv.-Nr. 10723/2008

Von links: Französischer Taschenbarograph (Altigraph), 1907. Richard-Frères, 11,9 x 8,5 x 3,3 cm; Französischer Tischbarograf, 1890–1906. Richard-Frères, 15 x 30,1 x 16,2 cm; Tragbares Barometer „Goldschmid-Aneroid", 1885–1900. Th. Usteri-Reinacher, 5 x 5,2 x 7,8 cm. Salzburg Museum, Nachlass Erzherzog Heinrich Ferdinand von Habsburg-Lothringen, Inv.-Nrn. 10595/2008, 10594/2008, 10679/2008

Von links: Taschen-Nivellier-Instrument, 1902. Georg Butenschön, 10 x 2,3 x 12,3 cm; Französisches Taschenfernrohr, um 1900. Cauchoix, 10,2 x ,1 x 4,1 cm; Landvermesser-Kompass mit Klinometer. F. Fritsch, 2 x 6,1 x 7 cm. Salzburg Museum, Nachlass Erzherzog Heinrich Ferdinand von Habsburg-Lothringen, Inv.-Nrn. 10682/2008, 10699/2008, 10596/2008

mit ihren Instrumenten: den Zeitungen und Zeitschriften, Büchern und bebilderten Druckwerken, die seit und mit der Erfindung der Lithografie massenhaft werden. Gleichzeitig setzen die ersten Rückzugsgefechte des bürgerlichen Individuums vor eben dieser Öffentlichkeit ein – lesend, nach innen blickend. In diesem Klima, in dem die Widersprüche keimen, aber noch nicht aufgebrochen sind, wird eine folgenreiche Erfindung – eigentlich ist es mehr eine Entdeckung – gemacht, die alles hat, um zeitgerecht zu sein: die Fotografie. Sie ist schnell, genau, objektiv, preiswert, sie ist für alle und für jeden Einzelnen und sie ist elitär mit einem Hang zum Demokratischen, ja sogar zum Volkstümlichen. „Die Photographie ist eine wunderbare Entdeckung, eine Wissenschaft, welche die größten Geister angezogen, eine Kunst, welche die klügsten Denker angeregt – und doch von jedem Dummkopf betrieben werden kann" (Nadar, 1856).

     Sie beginnt als experimentelle Wissenschaft, entwickelt sich eigentlich aus der Alchemie, denn sie beschäftigt sich mit der Frage: Wie lassen sich Veränderungen, die das Licht auf beschichtetem Trägermaterial hinterlässt, dauerhaft fixieren – was im Wesentlichen Probleme der Chemie und der Werkstoffe sind. Von 1826/27 stammt die erste erhaltene Fotografie, eine sogenannte Heliografie, von Joseph Nicéphore Niépce (1765–1833), einem wohlhabenden französischen Advokaten, der bereits Ende des 18. Jahrhunderts mit seinen Experimenten zur Bildfixierung begonnen hatte. Ein Bild von einfärbiger Tonigkeit, denn an Farbe war noch nicht zu denken. Niépce tut sich 1829 mit Louis Jacques Mandé Daguerre (1787–1851) zusammen, stirbt allerdings vier Jahre später, sodass der Ruhm, der Erfinder der Fotografie zu sein, auf Daguerre allein übergeht. Der hatte auf versilberte Kupferplatten – Unikate, die „Daguerreotypien" genannt werden – gesetzt, deren Verfahren 1839 veröffentlicht wird und sofort einen ungeheuren Boom auslöst. Ab nun wird alles fotografiert, die ganze Welt gewissermaßen. Die Belichtungszeiten verkürzen sich auf Sekundenformat, die Stereobilder entstehen, die Begeisterung kennt keine Grenzen, eine veritable „Daguerrotypomanie" hat die zivilisierte Welt erfasst, die bis zur Mitte der 1850er Jahre dauert, wobei Porträtfotografien das Motivfeld dominieren.

     Ab 1834 arbeitete William Henry Fox Talbot (1800–1877) ganz unabhängig davon in London an einem eigenen Verfahren mit lichtempfindlichem Papier. Seine „Kalotypien" waren die ersten Fotos auf Negativ-Basis, die sich reproduzieren ließen und damit in die Zukunft zeigten. Denn die Fotografie konnte ihre weltbewegende Wirkung erst entfalten, wenn es möglich war, ein und dasselbe Bild zur selben Zeit Tausenden von Menschen ansichtig zu machen.

     Klar war aber auch, dass zur Darstellung der Wirklichkeit der Welt die Farbe[2] gehörte. Seit den Forschungen des englischen Physikers Thomas Young (1773–1829) wusste man, dass Licht sich in Wellen fortbewegt und dass Farbe eine bestimmte Wellenlänge ist (Rot die längste, Violett die kürzeste). Die Netzhaut des Auges verfügt über Sinneszellen zur Wahrnehmung von Rot, Grün und Blau, woraus das Gehirn alle anderen Farben „zusammenmischt". Der Mensch sieht also nicht Schwarzweiß. Die Monochromie der Fotografien war nichts als ein Kompromiss, ein enttäuschender dazu, denn es gab schlicht noch keine Möglichkeit, die Farben des Lichtes einzufangen. Sollte eine Daguerrotypie farbig sein, so musste sie mittels Pinsel koloriert werden. Öl-, Aquarellfarben und pulverisierte Farbpigmente verwendete man dafür. Der Kampf um die Farbe in der Fotografie ist so alt wie diese selbst und verläuft parallel zum Kampf um die Farbe im drucktechnischen Bereich – aber es sollte noch hundert Jahre dauern, bis beide Entwicklungen zu einem gemeinsamen Resultat führten.

1840 entwickelte William Herschel (1792–1871) ein Verfahren zur Erzeugung fotografischer Farben auf Papier, das mit lichtempfindlichem Silberchlorid beschichtet war, doch die Farben ließen sich nicht fixieren, verblassten nach kurzer Zeit. Seine „Cyanotypien" (1842) sind keine Farbfotografien, sondern leuchtend blau eingefärbte Fotogramme (welche später in die „Blaupause" übergingen), aber immerhin kam Farbe ins Spiel.

1861 führte James Clerk Maxwell (1831–1879) an der Royal Institution in London ein Experiment vor, aufbauend auf den Forschungen von Young und seines Nachfolgers Hermann Ludwig Ferdinand von Helmholtz (1821–1894): Er hatte ein Tartan-Schleifenband fotografiert, davon drei Glasnegative angefertigt und projizierte nun mittels dreier Laternae magicae, die jeweils mit einem roten, einem grünen und einem blauen Filter ausgestattet waren, die Bilder exakt übereinander auf eine Leinwand: Das ergab ein vollfarbiges Bild. Das sogenannte additive Verfahren war damit erfunden – genauer: bewiesen, die Grundlage des späteren Autochroms.

Als eigentlicher Vorläufer der Farbfotografie gilt aber Louis Ducos du Hauron (1837–1920), der 1859 umwälzende Erfindungen einleitete, die ihre Wirkungen aber erst viel später voll entfalteten, darunter eine Kamera[3], die mit einer Aufnahme drei Negative gleichzeitig belichtete („Heliochromie", ein substraktives Verfahren, bei dem die Farbwirkung durch Ausfilterung von Wellen entsteht). Das waren die ersten wirklichen Farbfotografien auf Papier. Seine bedeutendste Erfindung aber war ab 1868 die Entwicklung eines Dreischichtfilm-Systems, das 1935 mit dem Kodachrome aufgegriffen wurde und 1942 mit dem Kodacolor den Farbfilm massentauglich machte. Ducos du Hauron war es auch, der als erster mit einem additiven Kornrasterverfahren experimentierte, das später von den Brüdern Lumière für ihre Autochrome angewendet wurde. Gleichzeitig mit Ducos du Hauron kam Charles Gros (1842–1888) zu ähnlichen Ergebnissen, doch sein früher Tod hinderte ihn an einer erfolgreichen Umsetzung.

Dazwischen aber nutzte der amerikanische Fotograf und Erfinder Frederic Eugene Ives (1856–1937) die vielen bisher gemachten Erfindungen, um seine eigenen voranzutreiben: Seit 1888 beschäftigte er sich mit seinem additiven Foto-Chromoskop, einer Ein-Platten-Kamera, die drei Schwarzweiß-Negative durch einen blauvioletten, einen grünen und einen roten Filter auf einen einzigen Träger belichtete. Danach wurden drei Glasdiapositive ausentwickelt, die voneinander getrennt und durch einen speziellen Projektor an die Wand geworfen ein farbiges Bild ergaben. Das war aber wiederum nur eine Lichterscheinung und ließ sich nur unter größten Mühen in ein materielles Bild überführen. Ives bezeichnete seine Technik der außerordentlich farbenprächtigen „Kromogramme" als „schönste Erfindung des 19. Jahrhunderts".

Ein direktes sogenanntes Interferenzverfahren, das also durch Überlagerung von Wellen und Interferenzmuster Farben erzeugt, entwickelte 1891 der Luxemburger Physiker Gabriel Jonas Lippmann (1845–1921), der an der Sorbonne lehrte. Er erhielt „Für seine auf dem Interferenzphänomen begründete Methode, Farben photographisch wiederzugeben" 1908 den Nobelpreis, aber das Verfahren,

Blick vom Dach des Toskanatraktes der Alten Residenz über den Alten Markt in Richtung St. Andrä-Kirche, 1910. Autochrom, 9 x 12 cm. Salzburg Museum, Nachlass Erzherzog Heinrich Ferdinand von Habsburg-Lothringen, Inv.-Nr. 10081/2008

Giselakai und Kapuzinerkloster vom Mozartsteg, 1910. Autochrom, 9 x 12 cm. Salzburg Museum, Nachlass Erzherzog Heinrich Ferdinand von Habsburg-Lothringen, Inv.-Nr. 10113/2008

Blick vom Dach der Alten Residenz über den Domplatz zur Festung Hohensalzburg, 1910. Autochrom, 9 x 12 cm. Salzburg Museum, Nachlass Erzherzog Heinrich Ferdinand von Habsburg-Lothringen, Inv.-Nr. 10082/2008

das wohl leuchtendfarbige Ergebnisse zeitigte, setzte sich nicht durch, weil es zu aufwändig war und die Bilder in einem bestimmten Winkel zum Licht gehalten werden mussten, um gesehen werden zu können.

Das „Joly-Farbverfahren", das Professor John Joly (1857–1933) 1895 vorstellte, war eine Weiterentwicklung einer bereits von Ducos du Hauron erfundenen Technik: Ein feines Raster, das aus einem Liniennetz gebildet wird, dessen Grate aus den in Gummi gebundenen Farbstoffen Blauviolett, Grün und Rot bestehen, wird auf eine gelatine- beschichtete Glasplatte aufgebracht. Gegen eine sensibilisierte Emulsion belichtet, entwickelt, abgezogen und genau ausgerichtet, sah man ein farbiges Bild, dessen Lineatur allerdings erkennbar blieb. Aber auch diese Technik konnte sich nicht durchsetzen, weil sie zu kostenintensiv war und ihre Farben nicht befriedigten.

Die kleine Exkursion in die Geschichte der Farbfotografie zeigt, dass es nicht immer die beste Technik ist, die sich durchsetzt, und dass es nicht immer die ersten Köpfe sind, die den Triumph davontragen. Die Zeit muss reif sein für ein bestimmtes Produkt, es muss wirtschaftlich sein und es bedarf der Genialität nicht nur in erfindungs-, sondern auch in vermarktungstechnischer Hinsicht.

Das wunderbare Zusammentreffen dieser drei Optionen war gegeben, als die Brüder Auguste Marie Louis Nicolas Lumière (1862–1954) und Louis Jean Lumière (1864–1948) am 10. Juni 1907 einer staunenden, aus 600 Personen bestehenden Öffentlichkeit im Photo Club de Paris das erste kommerzielle Farbverfahren präsentierten, das den Namen „Autochrom" trug. Als französisches Patent Nr. 399,233 hatten die Brüder ihr Verfahren bereits am 17. Dezember 1903 eintragen lassen, und insgesamt hatten sie, aufbauend auf den Entdeckungen Ducos' du Hauron, vierzehn Jahre an Forschung für dieses Projekt verwendet[4].

„Das zur Herstellung eines Autochroms angewandte Verfahren beinhaltete mikroskopisch kleine Kartoffelstärke-Körnchen im Durchmesser von 0,01 bis 0,02 mm (obgleich Messungen noch vorhandener Platten eine tatsächliche Korngröße von 0,006 bis 0,025 mm aufweisen). Auf einen Quadratmillimeter waren 7 000 Körnchen, auf einer normal großen Glasplatte (13 x 18 cm) 140 Millionen orange-rot, grün und blau-violett gefärbte Körnchen, die als winzige Farbfilter fungierten. Diese waren etwa zu gleichen Teilen gemischt auf eine mit klebrigem Lack auf Latex-Basis beschichtete Glasplatte aufgebracht, wobei die Zwischenräume mit schwarzem Ruß (gemahlener Kohle) ausgefüllt wurden. Die ganze Platte wurde anschließend mit einer neuen und empfindlicheren feinkörnigen panchromatischen Silberbromid-Emulsion bedeckt. Bei der Aufnahme in einer Kamera drang dann Licht durch die Farbfilter-Körnchen, bevor es die Emulsion, die möglichst weit von der Linse entfernt war, traf und ein Bild aufzeichnete" (Roberts, S. 23). Da die Platten eine besondere Empfindlichkeit für blaues und ultraviolettes Licht hatten, musste das Kameraobjektiv mit einer „Spezial-Gelb-Scheibe" versehen sein. Ansonsten, das war der entscheidende Vorteil dieser Technik, war nichts vonnöten als eine handelsübliche Plattenkamera. Und auch die Entwicklung war von jedem geübten Schwarzweiß-Fotografen leicht zu erlernen, eine Bedienungsanleitung liegt jeder Packung in Französisch, Englisch, Deutsch und Italienisch bei. Ein Nachteil war die gegenüber herkömmlicher Schwarzweiß-Technik etwa 20 mal längere Belichtungszeit, was sich auf die Motivwahl natürlich erheblich auswirkte: Bei hellstem Sonnenlicht war eine Belichtungszeit von zwei Sekunden normal, Innenaufnahmen waren fast nicht möglich – in gewisser Hinsicht war das ein Rückschritt, denn die menschlichen

Lebewesen wurden so wieder in den endlich für überwunden gehaltenen Stillstandszwang versetzt.

Ideale Bedingungen dennoch, um dem Autochrom zu einem gewaltigen Siegeslauf zu verhelfen, der bis in die 1930er Jahre anhielt – die Fertigung wurde 1932 eingestellt. Im Werk der Brüder Lumière in Lyon wurden 1913 pro Tag 6.000 Platten produziert. 1911 hatten die Brüder die Firma Jougla übernommen, bei der Ducos de Hauron seine „Ominicolor"-Platten seit 1909 vertrieben hatte, die Konkurrenz war also übermächtig. Insgesamt wurden in den 25 Jahren des Produktionszeitraums etwa 20 Millionen Autochrom-Platten durch die Brüder Lumière hergestellt und ausgeliefert. Die entscheidene Erfindung, die dieses Verfahren ablöste, war der Film mit drei Emulsionsschichten, der Kodachrome-Film[5], der seit 1935 für 16 mm-Filmkameras und ab 1937 für 35 mm-Fotokameras zur Verfügung stand.

Nun muss man einschränkend bemerken, dass die Welt der (Scharzweiß-)Fotografie sich längst in mehrere Bereich aufgespalten hatte, und nicht gleichmäßig wurde die Autochrom-Technik angewendet. Die lichtempfindlichen Glasplatten, eine Erfindung des Bildhauers Frederic Scott Archer (1813–1857) von 1851, hatten die Daguerrotypie verdrängt und bis 1880 dafür gesorgt, dass die Tätigkeit des Fotografierens nicht nur den Spezialisten und Professionisten vorbehalten blieb, sondern auch von Unausgebildeten ausgeübt werden konnte, eine Entwicklung, die sich mit der berühmten „Kodak Nr. 1", der ersten Rollfilmkamera, rasant beschleunigte. Die Handhabung der Kameras wurde immer einfacher, die Verarbeitungskette schloss sich, durch die Firma Eastman wurde der Entwicklungsdienst eingeführt: „You press the button, we do the rest". Die Industrialisierung der Fotografie führte zur Heranbildung einer Liga der Amateurfotografen, von denen sich die Künstler-Fotografen mit einiger Mühe abzusetzen versuchten.

Alle diese Künstler freilich experimentierten mit der neuen Autochrom-Technik, weil sie sie aus mehreren Gründen reizvoll fanden: Sie war neu, durch ihre pointillistischen Effekte versprach sie verblüffende Resultate gerade für die Piktorialisten, die die Gestaltungsmittel der Malerei auf die Fotografie zu übertragen suchten. Und auch die Foto-Künstler der in Europa und den USA virulenten Sezessionsbewegungen griffen nach dem neuen Medium. Die berühmten Fotografen Edward Jean Steichen (1879–1979) und Marcel Meys (1885–1972) befanden sich im Publikum bei der Autochrom-Präsentation 1907, Alfred Stieglitz (1844–1946) befand sich zu der Zeit auch in Paris, konnte aber krankheitsbedingt nicht an der Veranstaltung teilnehmen, Frank Eugene (1865–1936) und Heinrich Kühn (1866–1944) besorgten sich Autochrom-Platten, auch Alvin Langdon Coburn (1882–1966) beschäftigte sich mit der neuen Technik.

Aber es mischte sich auch Skepsis in die ausbrechende Euphorie: „Nur jemand, der einen feinen Sinn für Farbe besitzt, sollte mit dem Autochromverfahren arbeiten, die Palette ist gefährlich bunt", warnte Kühn schon 1907 in der „Photographischen Rundschau" (21, 1907, S. 267, zit. nach Roberts, S. 28). Die eigentliche Domäne der künstlerischen Fotografie war das monochrome Bild, und die Farbe wurde zumindest nicht mit derselben Achtung behandelt. Hinzu kam die geringe Einflussmöglichkeit des Fotografen auf die endgültige Erscheinungsweise des Autochroms, in fotografischer und in entwicklungstechnischer Hinsicht. Das Produkt war für die Masse angelegt (an sich schon ein Ausschlussmotiv für Künstler mit

Blick vom Dach des Toskanatraktes der Alten Residenz über das Glockenspiel auf den Gaisberg, mit Schwester Agnes?, 1910. Autochrom, 9 x 12 cm. Salzburg Museum, Nachlass Erzherzog Heinrich Ferdinand von Habsburg-Lothringen, Inv.-Nr. 10083/2008

Anschlussgebäude ans ehemalige Michaelstor, 1913. Autochrom, 10 x 15 cm. Salzburg Museum, Nachlass Erzherzog Heinrich Ferdinand von Habsburg-Lothringen, Inv.-Nr. 10659/2008

Giselakai und Staatsbrücke vom Mozartsteg, 1910. Autochrom, 9 x 12 cm. Salzburg Museum, Nachlass Erzherzog Heinrich Ferdinand von Habsburg-Lothringen, Inv.-Nr. 10206/2008

professioneller Selbstachtung), man konnte fast nichts falsch machen – für den Preis der geringen Manipulierbarkeit. Die Vorzugsstellung der Rottöne in einer an sich gern ins Leuchtende gehenden Farbpalette, d.h. die starken Farbkontraste waren ebenfalls dazu angetan, Misstrauen zu erzeugen – außer bei den Präraffaeliten, die ein Faible für rote Haare hatten. Und: Die Fotos waren Unikate, die man gegen das Licht halten, besser noch projizieren musste, um sie sichtbar zu machen. Die Künstler aber wollten ihre Bilder in Ausstellungen zeigen, nicht einem Publikum vorführen – von kunsthandelstechnischen Erwägungen ganz zu schweigen.

Das Medium der Farbfotografie war grundsätzlich massentauglich gerade im Bereich der Printmedien, und man suchte nach Möglichkeiten der drucktechnischen Umsetzung im Halbton-Druck. Die Zeitschrift „L'Illustration" riskierte das finanziell aufwändige Verfahren für seine Kriegsberichterstattung des Ersten Weltkrieges – und wurde mit einer Absatzsteigerung von mehr als 300 % belohnt, aber unmittelbar nach dem Krieg wollte niemand mehr darein investieren, bis in den 1920er Jahren das amerikanische Magazin „National Geografic" zum Forum der Farbfotografie wurde. Bis 1938 druckte es insgesamt 2.355 Autochrom-Bilder ab. Professionelle Autochromisten hielten öffentliche Foto-Vorträge oder arbeiteten für den Philanthropen Albert Kahn (1860–1940), einen französischen Bankier, der beim Spekulieren mit südafrikanischen Diamanten- und Goldminen zu einem der reichsten Männer Europas geworden war und seine humanistischen Ideale in einem ambitionierten Projekt ausdrückte, den „Archives de la Planète". Das war die Idee einer enzyklopädischen fotografischen Bestandsaufnahme der gesamten Welt, ein ungeheures Unterfangen – vor allem in Farbe! Er brachte es immerhin zu einer Sammlung von 72.000 Autochromen, 4.000 Stereografien und 183.000 Meter Film – diese Menge war zweifellos von tragender Bedeutung für die Autochrom-Hersteller –, bis die Weltwirtschaftskrise 1929 Kahn ruinierte.

Für das Gros der Amateurfotografen spielten künstlerische und wirtschaftliche Überlegungen keine Rolle, so sie sich Gerät und Material leisten konnten – immerhin kostete eine Autochrom-Platte zwölfmal soviel wie ein Schwarzweiß-Negativ. Sie freuten sich genau an den Dingen, die den Künstlern Kopfzerbrechen bereiteten, an der Farbe, der Bedienfreundlichkeit und der Publikumstauglichkeit. Die Amateure, zu deren ambitionierter Spezies Erzherzog Heinrich Ferdinand zählt, waren es eigentlich, die die große Welle der „Autochromerei" ausmachten.

Natürlich wurde ständig weiterexperimentiert, und es gab neben der Autochrom-Technik eine Reihe anderer Verfahren zur Herstellung von Farbfotografien, die aber allesamt technisch aufwändig und teuer waren, nur von Wenigen beherrscht werden konnten, weil sie viel Spezialwissen nötig hatten und vor allem nicht reproduzierbar waren. Diesen Nachteil hatten sie mit dem Autochrom gemeinsam, und deswegen hatten alle diese Techniken keine Zukunft.

Die 25 Jahre des Autochroms bilden eine in sich geschlossene Periode der Entwicklung der Welt unserer Bilder, deren Geschichte noch nicht geschrieben ist. Gerade in Zeiten der Digitalisierung der Fotografie, in einer Zeit, in der die analoge Farbfotografie ebenso am Verschwinden ist, wie in den 1930er Jahren die Autochrom-Fotografie, steht es uns gut an, im antiquiert Anmutenden das ehemals „Top-Moderne" ausfindig zu machen.

Anmerkungen

1 Das Wort Fotografie ist zusammengesetzt aus den altgriechischen Wörtern φώς, phos, φωτός, photos (Licht) und γράφειν, graphein (schreiben, malen, kratzen), also „mit Licht schreiben oder malen": das Lichtbild. Der Begriff wurde erstmals von dem deutschen Astronomen Johann Heinrich Maedler in der Vossischen Zeitung am 25.2.1835 gebraucht. Der Begriff wird ursprünglich für Bilder verwendet, die durch Lichteinwirkung auf chemisch präparierten Oberflächen hervorgerufen werden. Durch die Digitalfotografie ist diese Definition hinfällig geworden.

2 Physikalisch gesehen sind Farben nichts anderes als Licht, definiert als ein niederfrequenter Bereich elektromagnetischer Wellen. Dem menschlichen Auge ist der kleine Bereich der Wellenlängen von 396 bis 760 Millimikron sichtbar. Wenn das Auge Farbe sieht, trifft die Reflexion eines Lichtes, die ein nicht selbstleuchtender Gegenstand wirft, auf die Netzhaut; diese Reflexion hat eine bestimmte Wellenlänge, die den Farbton bewirkt, die Helligkeit hängt von der Schwingung der Lichtwellen ab und die Sättigung einer Farbe ist durch die spektrale Zusammensetzung des Lichtes, das Mischungsverhältnis der Wellenlängen also, bedingt.

3 Das Wort Kamera ist abgeleitet von „Camera obscura" („dunkle Kammer"). Ein bereits Aristoteles (384–332 v. Chr.) bekanntes Prinzip, demzufolge ein durch ein kleines Loch in der Wand einfallendes Licht auf der gegenüberliegenden Wand ein auf dem Kopf stehendes Bild der Außenwelt projiziert. Vor allem Leonardo da Vinci (1492–1519) hat sich dieses Phänomens angenommen und es wissenschaftlich begründet. Im 17. Jahrhundert wurde das Prinzip in Kastenform transportabel.

4 Die Brüder Lumière gelten als geniale Pioniere der Fotografie und des Films. Sie erfanden u.a. auch den Kinematografen („Kinétoscope-de-projection"), mit dessen Präsentation am 22.3.1895 die Geschichte des Films ihren Anfang nimmt. Gegründet wurde ihre Firma 1883 vom Vater der Brüder, Claude Antoine Lumière (1840–1911), im Lyoner Stadtteil Monplaisir für die Herstellung der berühmten Bromsilber-Trockenplatte „Etiquette Bleue", die Louis Lumière erfunden hatte. Man erkennt die Industrialisierung der Fotografie gut an der Firmengeschichte. Zunächst beschäftigte die Firma zehn Mitarbeiter, die 700 Platten pro Tag fertigten. Im Jahr 1893 wurden täglich 840.000 Platten und 3.000 Quadratmeter Fotopapier hergestellt. Zu Beginn des 20. Jahrhunderts wurden 900 Mitarbeiter beschäftigt, 1911 übernahm man die Firma Jougla, seit 1928 nannte sich die Firma Société Lumière und unterhielt Fabriken in Lyon, Feyzin und Joinville-le-Pont, wo Kameras, Filme, Fotopapiere, Laborzubehör und Röntgenfilme hergestellt wurden. 1982 ging Lumière in der Firma ILFORD France auf.

5 Erfindung von Leopold Mannes und Leopold Godowsky in Zusammenarbeit mit der Eastman Kodak Company. Es handelt sich um ein substratives Verfahren, bei dem die Farben einzeln ausgefiltert werden.

Literatur
Beaumont Newhall: Geschichte der Photographie. München 1998 (1. Aufl. New York 1982). – Michel Frizot (Hrsg.): Neue Geschichte der Fotografie. Köln 1998 (1. Aufl. Paris 1994). – Ausstellungskatalog: Ulrich Pohlmann und Johann Georg Prinz von Hohenzollern (Hrsg.): Eine neue Kunst? Eine andere Natur! Fotografie und Malerei im 19. Jahrhundert. Kunsthalle der Hypo-Kulturstiftung, München. München 2004. – Pamela Roberts: 100 Jahre Farbfotografie. Berlin 2007 (1. Aufl. London 2007). – Simone Philippi und Ute Kieseyer (Hrsg.): Alfred Stieglitz. Camera Work. The Complete Photographs 1903–1917. Köln 2008.

Bemerkung zu den Autochromen von Erzherzog Heinrich Ferdinand von Habsburg-Lothringen
Nach dem Entwickeln wurde seinerzeit auf die beschichtete Seite des Bildes ein gleichgroße Glasplatte gelegt und beide durch einen Papierklebestreifen miteinander verbunden. Vor dem Scannen wurden die Außenseiten vorsichtig feucht gereinigt. Die Bilddaten wurden „sanft" digital retuschiert, d.h. nur solche Stellen wurden entfernt, die eindeutig durch Staub und andere offensichtliche Verunreinigungen hervorgerufen waren – mit Schwerpunkt im Bereich der Gesichter. Fehler, die chemisch bedingt sind, wurden belassen, auch fotografische Fehler – etwa Verstürzungen – wurden nicht korrigiert. Die meisten die Autochrome in diesem Band sind in Originalgröße abgebildet.

Blick auf Anif vom Hellbrunner Berg, wohl 1910. Autochrom, 9 x 12 cm. Salzburg Museum, Nachlass Erzherzog Heinrich Ferdinand von Habsburg-Lothringen, Inv.-Nr. 10124/2008

Blick vom Hellbrunner Berg in Richtung Taxach-Rif, wohl 1910. Autochrom, 9 x 12 cm. Salzburg Museum, Nachlass Erzherzog Heinrich Ferdinand von Habsburg-Lothringen, Inv.-Nr. 10125/2008

Die Familie im Hellbrunner Schlosspark, 1910. Autochrom, 9 x 12 cm. Salzburg Museum, Nachlass Erzherzog Heinrich Ferdinand von Habsburg-Lothringen, Inv.-Nr. 10149/2008

Villa Hubertus in Salzburg-Parsch, 1910. Autochrom, 9 x 12 cm. Salzburg Museum, Nachlass Erzherzog Heinrich Ferdinand von Habsburg-Lothringen, Inv.-Nr. 10152/2008

Im Garten des Weinbründlhofs in Parsch, 1910. Autochrom, 9 x 12 cm. Salzburg Museum, Nachlass Erzherzog Heinrich Ferdinand von Habsburg-Lothringen, Inv.-Nr. 10091/2008

Der Weinbründlhof mit Obstbäumen in Parsch, 1910. Autochrom, 9 x 12 cm. Salzburg Museum, Nachlass Erzherzog Heinrich Ferdinand von Habsburg-Lothringen, Inv.-Nr. 10153/2008

*Schloss Flederbach in Parsch – Wohnsitz Heinrich Ferdinands von 1912 bis 1969, 1912/15. Autochrom, 10 x 15 cm.
Salzburg Museum, Nachlass Erzherzog Heinrich Ferdinand von Habsburg-Lothringen, Inv.-Nr. 10658/2008*

Ortschaft Grundlsee am Fuße des Backenstein, 1910. Autochrom, 9 x 12 cm. Salzburg Museum, Nachlass Erzherzog Heinrich Ferdinand von Habsburg-Lothringen, Inv.-Nr. 10089/2008

Winterliches Schloss Urstein in Puch bei Hallein, 1910. Autochrom, 9 x 12 cm. Salzburg Museum, Nachlass Erzherzog Heinrich Ferdinand von Habsburg-Lothringen, Inv.-Nr. 10114/2008

Erzherzog Heinrich Ferdinand mit Sohn Heinrich auf Wiesenweg sitzend, 1911. Autochrom, 9 x 12 cm. Salzburg Museum, Nachlass Erzherzog Heinrich Ferdinand von Habsburg-Lothringen, Inv.-Nr. 10634/2008

Erzherzog Heinrich Ferdinands Ehefrau Marie Karoline mit Sohn Heinrich auf Wiesenweg sitzend, 1911. Autochrom, 9 x 12 cm. Salzburg Museum, Nachlass Erzherzog Heinrich Ferdinand von Habsburg-Lothringen, Inv.-Nr. 10635/2008

Erzherzog Heinrich Ferdinand beim Schifahren in Lermoos/Tirol, 1911. Autochrom, 9 x 12 cm. Salzburg Museum, Nachlass Erzherzog Heinrich Ferdinand von Habsburg-Lothringen, Inv.-Nr. 10122/2008

Erzherzog Heinrich Ferdinand mit Ehefrau Marie Karoline und einem Freund bei einer Autofahrt in der Gegend von Lermoos/Tirol, 1910. Autochrom, 9 x 12 cm. Salzburg Museum, Nachlass Erzherzog Heinrich Ferdinand von Habsburg-Lothringen, Inv.-Nr. 10189/2008

Erzherzog Heinrich Ferdinands Ehefrau Marie Karoline in St. Martin/ Tirol, 1911. Autochrom, 9 x 12 cm. Salzburg Museum, Nachlass Erzherzog Heinrich Ferdinand von Habsburg-Lothringen, Inv.-Nr. 10622/2008

Erzherzog Heinrich Ferdinand mit Blumenkranz am Hut in St. Martin/Tirol, 1911. Autochrom, 9 x 12 cm. Salzburg Museum, Nachlass Erzherzog Heinrich Ferdinand von Habsburg-Lothringen, Inv.-Nr. 10225/2008

Erzherzog Heinrich Ferdinands Ehefrau Marie Karoline mit Fransentuch und Fozzelhaube in Lermoos/Tirol, 1911. Autochrom, 9 x 12 cm. Salzburg Museum, Nachlass Erzherzog Heinrich Ferdinand von Habsburg-Lothringen, Inv.-Nr. 10231/2008

Erzherzog Heinrich Ferdinand beim Kartenstudium in St. Martin/Tirol, 1911. Autochrom, 9 x 12 cm. Salzburg Museum, Nachlass Erzherzog Heinrich Ferdinand von Habsburg-Lothringen, Inv.-Nr. 10220/2008

Schmiedeeisenkreuze am Friedhof im winterlichen Lermoos, 1911. Autochrom, 9 x 12 cm. Salzburg Museum, Nachlass Erzherzog Heinrich Ferdinand von Habsb Lothringen, Inv.-Nr. 10229/2008v

Der Ortskern von Lermoos, 1911. Autochrom, 9 x 12 cm. Salzburg Museum, Nachlass Erzherzog Heinrich Ferdinand von Habsburg-Lothringen, Inv.-Nr. 10218/2008

Weihnachtsbaum und Geschenke in der Werneckstraße/München, 1912. Autochrom, 10 x 15 cm. Salzburg Museum, Nachlass Erzherzog Heinrich Ferdinand von Habsburg-Lothringen, Inv.-Nr. 10649/2008

Ortszentrum Schwabing/München – Lebensraum des Erzherzogs während seiner Kunstausbildung, 1910. Autochrom, 9 x 12 cm. Salzburg Museum, Nachlass Erzherzog Heinrich Ferdinand von Habsburg-Lothringen, Inv.-Nr. 10175/2008

Herbstliche Allee bei Friedrichshafen am Bodensee (Ausschnitt), 1910. Autochrom, 9 x 12 cm. Salzburg Museum, Nachlass Erzherzog Heinrich Ferdinand von Habsburg-Lothringen, Inv.-Nr. 10195/2008

Hohlweg in die Ortschaft Oberaudorf/Bayern, 1910. Autochrom, 9 x 12 cm. Salzburg Museum, Nachlass Erzherzog Heinrich Ferdinand von Habsburg-Lothringen, Inv.-Nr. 10176/2008

Schottergrube bei Garmisch-Partenkirchen, 1911. Autochrom, 9 x 12 cm. Salzburg Museum, Nachlass Erzherzog Heinrich Ferdinand von Habsburg-Lothringen, Inv.-Nr. 10626/2008

Kühe mit Hirtin auf einer Weide bei Meersburg am Bodensee, 1910. Autochrom, 9 x 12 cm. Salzburg Museum, Nachlass Erzherzog Heinrich Ferdinand von Habsburg-Lothringen, Inv.-Nr. 10608/2008

Menschenmenge um einen Gasballon in Gumpersdorf bei Schärding, 1910. Autochrom, 9 x 12 cm. Salzburg Museum, Nachlass Erzherzog Heinrich Ferdinand von Habsburg-Lothringen, Inv.-Nr. 10203/2008

Erzherzog Heinrich Ferdinand mit Offizier bei Ballonfahrt, 1910. Autochrom, 9 x 12 cm. Salzburg Museum, Nachlass Erzherzog Heinrich Ferdinand von Habsburg-Lothringen, Inv.-Nr. 10641/2008

Erzherzog Heinrich Ferdinand mit Bruder Joseph Ferdinand bei einer Ballonfahrt über Linz (Ausschnitt), 1910. Autochrom, 9 x 12 cm. Salzburg Museum, Nachlass Erzherzog Heinrich Ferdinand von Habsburg-Lothringen, Inv.-Nr. 10147/2008

Salzburger Schlösser

Zehn Originalradierungen
von
Heinrich Ferdinand Habsburg=Lothringen

mit einem Landschaftsromane
Eden auf Erden
von Hans Hofmann=Montanus

VIII.

Bei Würthle & Sohn Nachf. in Wien

Mappenwerk von Heinrich Ferdinand Habsburg-Lothringen. 10 Radierungen à 16 x 25 cm (Platte) mit Deckblatt und Begleitbroschüre in Mappe (41 x 31 cm). Salzburg Museum, Nachlass Erzherzog Heinrich Ferdinand von Habsburg-Lothringen, Inv.-Nrn. 10012–10024/2008

1. Festung Hohensalzburg
2. Schloss Leopoldskron in Salzburg

3. Aigen
4. Urstein in Puch bei Hallein

5. Schloss Hellbrunn
6. Kahlsperg in Oberalm

7. Goldenstein bei Elsbethen
8. Anif

9. Flederbach in Salzburg-Parsch

10. Glanegg bei Grödig

Werner Friepesz

Die Universalvergrößerungskamera

Zeitlebens beschäftigte sich Erzherzog Heinrich Ferdinand von Habsburg-Lothringen mit dem Medium der Fotografie in all seinen zeitgenössischen Varianten und Entwicklungsstadien. Auch von einigen seiner Schwestern ist bekannt, dass sie sich für diese Materie interessierten und oftmals selber die Kamera zur Hand nahmen, ob nun im Familienkreis oder auf Reisen. Zahllose Fotoalben zeugen daher von der Leidenschaft des Erzherzogs und seiner Geschwister, das Gesehene auf Fotopapier bzw. auf Fotoplatten festzuhalten.

Wenngleich die Fotografie um 1900 kein besonders exklusives Hobby mehr war, so gab es dennoch kein flächendeckendes Netz von Fotolaboren für die Bildentwicklung bzw. deren Vervielfältigung. Daher war es für den Amateurfotografen oftmals unumgänglich, die Fähigkeit der chemischen Fotoentwicklung zu erlernen, um die eigenen Aufnahmen ausarbeiten zu können.

Zahlreiche Objekte aus dem Nachlass des Erzherzogs zeugen heute davon, dass er es sich trotz seines gesellschaftlichen Status nicht nehmen ließ, sowohl die Entwicklung als auch die Vervielfältigung von Fotografien selber in die Hand zu nehmen.

Um von seinen Fotos eine exakte Reproduktion oder einen Abzug in beliebiger Größe anzufertigen, bestand für Heinrich Ferdinand ab der Jahrhundertwende die Möglichkeit, sich einer sogenannten Vergrößerungskamera zu bedienen. Diese damals gebräuchliche Bezeichnung bzw. die des Vergrößerungsapparates offenbart allerdings nicht das volle Einsatzspektrum des Gerätes, da neben Vergrößerungen auch Verkleinerungen und identische Abzüge sowie ein normaler Fotografiermodus möglich waren.

Aufbau

Zunächst soll das Format des Apparates im aufgebauten und zusammengelegten Zustand erwähnt werden, der, wie aus der Abbildung ersichtlich ist, mit mehreren Klappfunktionen ausgestattet ist. Da es bei der Anwendung zur Größenveränderung oftmals langer Brennweiten bedarf, kann der Apparat je nach Ausführung bis zu

Vergrößerungs- und Verkleinerungsapparat, um 1905. Unbekannter Hersteller, 12 x 37 x 48 cm (zusammengklappt), 54 x 37 x 96 cm (ausgezogen). Salzburg Museum, Nachlass Erzherzog Heinrich Ferdinand von Habsburg-Lothringen, Inv.-Nr. 10603/2008

142 cm auseinandergezogen werden, was ihn jedoch in dieser Form zu groß zum Transport bzw. zur permanenten Platzierung in einem Atelier macht. Durch die Klapp- und Schiebemechanismen lässt sich das Gerät in wenigen Minuten auf die Größe eines Aktenkoffers reduzieren, wodurch es, ausgestattet mit einem Ledertragegriff, einfach in der Handhabung und transportabel ist.

Das Gerät (s. Abbildung rechts) besteht im Wesentlichen aus dem Originalträger (N) vorne, dem Objektivträger (O) in der Mitte und dem Rückteil (P) mit Mattscheibe bzw. Kassette hinten. Angebracht sind diese drei Hauptelemente an einem hölzernen Basiskasten, der durch Verschieben entlang der Längsachse veränderbar ist. Die Fixierung der drei Basiselemente erfolgt beim Objektivträger sowie beim Rückteil durch klappbare Fixierstangen, während der Originalträger durch eine zentral liegende Schraube am Basiskasten befestigt wird. Sowohl Rückteil und Objektivträger als auch Objektivträger und Originalträger sind jeweils durch einen „Kalikobalg"[1] verbunden, der an den Ecken mit Leder verstärkt wurde.

Vergrößerungsapparat. Abbildung aus: Lechner's Ratgeber für Photographen

Um für die benötigten Brennweiten die Abstände zwischen den drei Hauptelementen zu verändern, besitzen höherwertige Geräteausführungen einen schraub-

Heinrich Ferdinand Habsburg-Lothringen: Vergrößerungs- und Verkleinerungsapparat, 1908/1910. Aquarell, 15,9 x 14 cm. Salzburg Museum, Nachlass Erzherzog Heinrich Ferdinand von Habsburg-Lothringen, Inv.-Nr. 10716/2008

baren Doppelzahnantrieb, der es dem Benutzer erlaubt, seinen Platz hinter der Mattscheibe während den Einstellarbeiten beizubehalten. Eine Vorrichtung an der Unterseite ermöglicht eine Schrägstellung der gesamten Apparatur nach oben, was für einen optimalen Einfall des für die Belichtung erforderlichen Tageslichts sorgt. Die Belichtungsdauer kann entweder mit einem Belichtungsschieber oder einem beliebigen für den Ateliergebrauch geeigneten Verschluss geregelt werden.

Sowohl der Objektivträger als auch der Rückteil sind bei höherwertigen Geräteausführungen neigbar ausgeführt, sodass Korrekturen von stürzenden Linien[2] bei der Reproduktion vorgenommen werden können.

In den verschiedenen Ausführungen, was unterschiedliche Dimensionen, verschiedene Materialien und mitgelieferte Einsatzrahmen sowie Fotokassetten betrifft, kosteten die Geräte um 1910 zwischen 75 und 300 Kronen. Das war viel Geld: Ein Salzburger Sparkassenangestellter in gehobener Position verdiente zu dieser Zeit etwa 130 Kronen im Monat.

Vergrößerungsapparat. Objektiv

Funktionsweise

Wie bereits eingangs erwähnt, gehen die Möglichkeiten des Apparates über das simple Vergrößern von vorhandenen Aufnahmen hinaus, wenngleich die Änderung von Bildformaten zweifellos die Hauptfunktion darstellt. So werden also in erster Linie vorhandene Originale und Negative auf Glasplatte in vergrößertem bzw. verkleinertem Maßstab auf Fotopapier oder Fotoplatte reproduziert. Der überaus lange Auszug gestattet es, selbst sehr kleine Bilder auf große Formate zu bringen und umgekehrt.

Um eine Reproduktion anzufertigen, wird zunächst das Original (Dia-Positiv oder Negativ) in den Originalträger eingesetzt. Da die zu verwendenden Fotoplatten in Standardmaßen von 4 x 5 cm über 9 x 12 cm bis hin zu 13 x 18 cm sowie 18 x 24 cm verwendet werden, sind dem Apparat diverse hölzerne Einsatzrahmen beigelegt, in welchen die Platten eingefügt und gemeinsam im Originalträger befestigt werden. Der Träger in der Mitte des Apparates nimmt das Objektiv auf.

Richtet man nun den Apparat mit seiner Front gegen einfallendes Tageslicht, wird bereits das Motiv über das Objektiv nach hinten an den Rückteil übertragen. Dort fällt das Bild zunächst auf dem Kopf stehend auf die Mattscheibe, wo es der Benutzer betrachten und die nötigen Einstellarbeiten vornehmen kann.

Diese Einstellarbeiten beinhalten die Dimensionierung und Zentrierung des Bildes. Da das Objektiv im mittleren Träger beweglich gelagert ist, kann durch dessen Verschieben und die anschließende Fixierung die Zentrierung auf der Mattscheibe vorgenommen werden.

Durch Veränderung der Abstände zwischen dem Original und dem Objektiv sowie dem Objektiv und dem Rückteil lässt sich die Abbildung stufenlos in ihrer Größe auf die Mattscheibe übertragen. Je nachdem, ob man seine Vorlage vergrößern oder verkleinern bzw. in seiner Originalgröße reproduzieren will, müssen allerdings die genormten Maße der zu belichtenden Fotoplatte bzw. des Fotopapiers eingehalten werden. Zu diesem Zweck sind auf der Mattscheibe die gängigen Formate wie 6 x 9 cm, 9 x 12 cm, 13 x 18 cm, 18 x 24 cm, 24 x 30 cm und bei Großgeräten 50 x 60 cm zentriert eingezeichnet.

Wie bereits erwähnt, erfolgt diese Ausrichtung der drei Hauptteile zueinander bei höherwertigen Geräteausführungen durch einen schraubbaren Doppelzahnantrieb, bei einfacheren Ausführungen durch händisches Verschieben. Um nicht für jede neue Aufnahme die Einstellungen durch zeitaufwändiges Probieren finden zu müssen, sind auf dem hölzernen Basiskasten zumeist Skalen angebracht, welche das Verhältnis zwischen Original und Kopie angeben und nach deren Markierungen fixe Voreinstellungen getroffen werden können.

Werden keine Kopien von Fotoplatten, sondern Reproduktionen von Aufsichtsbildern erarbeitet, d.h. bestehende Bilder auf Fotopapier einfach abfotografiert, wird das Objektiv einfach in den Objektträger vorne eingesetzt. Die Einstellung der gewünschten Größe auf der Milchglasscheibe erfolgt wiederum durch Verschieben der Hauptteile entlang der Längsachse. Verwendet man das Gerät, um Porträtaufnahmen anzufertigen, kann das Objektiv im mittleren Teil verbleiben. Der vordere Kalikobalg dient dann, nachdem er auf eine zweckdienliche Länge zusammengeschoben wurde und die Einsatzrahmen im Vorderteil entfernt sind, als Schutz gegen störendes Nebenlicht, das von der Seite einfallen kann.

Sind unabhängig vom Verwendungszweck alle Einstellungen abgeschlossen, wird die Milchglasscheibe aus dem Rückteil entfernt und gegen eine Fotokassette ausgetauscht. In dieser Fotokassette befindet sich hinter einem herausziehbaren Schieber das unbelichtete Fotopapier bzw. die Fotoplatte. Da es notwendig ist, diese Fototräger ebenfalls zentriert zu platzieren, existieren entweder mehrere Kassetten mit jeweils einem fixen Einsatzrahmen in genormter Größe oder aber nur eine Kassette, in welcher die Einsatzrahmen je nach Bedarf ausgewechselt werden können.

Ein direkter Auslöser, wie man ihn heute kennt, ist bei diesem Gerät nicht notwendig. Da es sich bei den Anwendungen meist um Tageslichtaufnahmen durch eine Fotoplatte handelt und die Belichtungsdauer mit dem Material um 1900 oftmals über einer halben Stunde liegt, ist es für den Benutzer völlig ausreichend, wenn er den Schieber, welcher in der Kassette den Fototräger abdeckt herauszieht und nach der Belichtung wieder in die Kassette zurückschiebt.

Das Gerät von Erzherzog Heinrich Ferdinand

Bei dem Gerät von Erzherzog Heinrich Ferdinand handelt es sich um einen markenlosen Nachbau, der auf dem Prinzip des oben beschriebenen Modells basiert. Sowohl die Abmessungen als auch die Ausführung weichen teilweise von diesem Original ab.

Vergrößerungsapparat. Vorderansicht   *Rückansicht mit Fotokassette*   *Rückansicht mit Mattscheibe*

Während das schon oftmals erwähnte Gerät in höherwertiger Ausführung, nämlich „Lechners quadratischer Vergrößerungsapparat", zusammengelegt 18 x 49 x 49 cm aufweist und sich aufgebaut auf eine Länge von 142 cm auseinanderziehen lässt, misst Heinrich Ferdinands Apparat zusammengelegt 12 x 37 x 48 cm und kann nur auf 96 cm verlängert werden. Diese geringeren Maße haben zur Folge, dass weder bei den Vergrößerungen noch bei den Verkleinerungen das volle Spektrum an angebotenen Formaten produziert werden kann. Außerdem besitzt diese Ausführung keinen schraubbaren Doppelzahnantrieb, was den Erzherzog dazu zwang, zur Einstellung der Größe und der Schärfe immer wieder hinter der Mattscheibe hervorzukommen, um die Hauptträger auf dem Basiskasten per Hand zu verschieben. Es finden sich jedoch die Skalen zur Voreinstellung sowie zusätzlich von Hand geschriebene Erfahrungswerte, welche es ihm ermöglichen, die Einstellarbeiten auf ein Minimum zu beschränken. Auch wurde bei dieser Anfertigung auf die Vorrichtung zur Schrägstellung der Apparatur für besseren Lichteinfall sowie auf die Neigbarkeit des Mittel- und Rückteils zwecks Vermeidung von stürzenden Linien verzichtet.

Die noch vorhandene einzelne Fotokassette wurde nur mit Fotopapier als Trägermaterial verwendet, Einsatzrahmen für Fotoplatten sind nicht mehr vorhanden. Die Ausrichtung des Fotopapiers erfolgt bei dieser Kassette durch einen Kartonbogen im Inneren, auf welchem die diversen Formate zentriert aufgezeichnet und an den vier jeweiligen Ecken der Formate diagonale Schlitze angebracht sind. Wie in alten Fotoalben werden die Ecken des Fotopapiers zum Fixieren einfach durch diese vier Schlitze auf die Rückseite des Kartons geschoben. Die Folge dieser sehr simplen Methode ist allerdings, dass die Ecken des Fotopapiers nicht belichtet werden und damit nach dem Entwickeln weiß bleiben.

Als Ergänzung kann der vom Erzherzog verwendete Verschluss betrachtet werden. Da die Belichtungszeiten im Laufe der Zeit immer kleiner und genauer wurden, das Auf- und Zuschieben der Fotokassette zu aber unerwünschten Bewegungen des ganzen Apparats führen kann, ist ein Objektiv mit Compound-Verschluss eingesetzt, den man, trotz seiner unzugänglichen Lage, von außen bedienen kann. Hiezu ist in senkrechter Linie unter dem Verschlussauslöser ein kleines Loch in den vorderen Kalikobalgen gestochen. Durch dieses Loch führt eine dünne Schnur, welche am oberen Ende am Auslösehebel eingehängt ist und am unteren Ende ein kleines Metallgewicht zur sicheren Handhabung hat. Durch eine entsprechende Einstellmöglichkeit des Compound-Verschluss ist es möglich, mit einem Zug an den Schnur das Objektiv zu öffnen und es mit einem erneuten Zug wieder zu schließen. Damit muss die Belichtungszeit nicht mehr durch das Schieben der Kassette begrenzt werden und das unerwünschte Verwackeln bzw. eine ungleichmäßige Belichtung bleiben aus.

Der Vergrößerungsapparat von Erzherzog Heinrich Ferdinand von Habsburg-Lothringen ist heute noch voll funktionsfähig und kann, auch nach Bestückung mit modernen Fototrägern, jederzeit eingesetzt werden.

Anmerkungen

1 Kaliko ist ein Gewebe, das vor allem in der Buchbinderei Verwendung findet. Es handelt sich um ein durchappretiertes Baumwollgewebe, das leicht mit Kunstleder verwechselt werden kann. 1822 wurde in England das erste Kaliko hergestellt.

2 Auf Fotografien nennt man stürzende Linien solche Linien und Kanten, die aufeinander zustreben, obwohl sie in der Wirklichkeit parallel verlaufen. Der Effekt tritt auf, wenn die Kanten des Abbildungsgegenstands – etwa eines Gebäudes – nicht parallel zur Projektionsfläche verlaufen, wenn also die Kamera nach oben oder nach unten gekippt wird.

Quelle:

Lechner's Ratgeber für Photographen. Eine Anleitung zur Auswahl photographischer Behelfe. R. Lechner (Wilh. Müller) k.&k. Hof-Manufaktur für Photographie. 1909.